Meditación

Meditación

LAS MEJORES
FRASES Y AFORISMOS
PARA SERENAR
LA MENTE

Seleccionadas por los equipos de redacción de las revistas INTEGRAL *y* CUERPOMENTE.

integral

Consejo editor:
Tomás Mata, Jaume Roselló, Josan Ruiz Terrés.

Selección de textos: Rodolfo Román.

Correcciones: Guillermo López.

Diseño gráfico: Josep Solà.

Pérez Galdós, 36 – 08014 Barcelona

Segunda edición, octubre 1997

Depósito Legal: B-36.948-97.

ISBN: 84-7901-201-3.

Ref.: LR01.

Impreso por Liberdúplex, S. L.

Constitució, 19 – 08041 Barcelona

AGRADECIMIENTOS

Este libro ha sido posible gracias a la tarea desarrollada por los lectores, redactores y equipos que han realizado las revistas *Integral* y *CuerpoMente* a lo largo de los años.

No es posible recordarlos a todos. De todas formas, alguno sí figuraba anotado al lado de la frase seleccionada: Vani Devi, J.L. Andrés, Sebastià Jódar, Jordi Pigem, Daniel Bonet, Álvaro Altés, Ester Vilarnau, Jaume Mas, Mila del Pozo, Polo Pérez, Tono, Mario Satz, Frederic Viñas, Begoña Odriozola, Ignacio Preciado, Francisco Bengoechea.

Gracias especiales a: Ramón Roselló, Juli Peradejordi y Josan.

ÍNDICE

INTRODUCCIÓN

¿Por qué meditar? Porque además de ser un decisivo elemento de conocimiento y transformación personal, es también una importante ayuda práctica. Tan práctica como pueda serlo estudiar inglés o seguir un curso de reciclaje profesional, y que también es de aplicación inmediata en la propia vida.

Tanto si se practica en un plano más «trascendente» o más desenfadado, la meditación aporta siempre unas dosis de ayuda muy importantes a cada practicante. Ayuda para el autoconocimiento y para abrir respuestas desde lo más profundo de uno mismo. Como mínimo siempre supone un buen entrenamiento para relajarnos y concentrarnos, lo cual, por ejemplo, favorece el sueño tranquilo o la capacidad de memoria.

¿Por qué no ahora? Siempre es un buen momento para ponerse en marcha. Dejemos de vivir entre la incertidumbre y la despreocupación. Dejemos la apatía, renunciemos a las ataduras, internas o externas. Habrá que navegar con pasión y energía por el océano del eterno presente. Aparecerán todo tipo de tentaciones y dificultades, para las que habrá que estar bien preparado. Vendrá ayuda de una u otra forma.

UNO MISMO: ENCANTADO DE CONOCERSE

Meditación significa, para quienes la practican con asiduidad, el hallazgo de un nuevo ámbito en la propia vida. Trascendente, en la medida en que se sea capaz de aniquilar la falsa trascendencia de los propios pensamientos, esos pensamientos «de propia estimación», como les llaman los tibetanos. E importante en la medida que se considere importante la primera sentencia grabada en el santuario griego de Delfos: «Conócete a ti mismo».

RECONCILIAR EL CUERPO Y LA MENTE CON EL ESPÍRITU

«Entrada la noche, cuando todo el mundo descansa, siéntate en soledad y observa dentro de tu mente; percibirás entonces cómo desaparece la ilusión y cómo aparece la realidad. En cada una de estas ocasiones ganas un vasto sentimiento de lo que es posible. Una vez que has percibido cómo aparece la realidad, pero que es difícil escapar a la ilusión, te vuelves también más humilde.»

HUANCHU DAOREN: *Retorno a los orígenes*

EQUÍPATE BIEN

Por un lado se puede disponer de la capacidad de síntesis de la mente y, por otro, podemos disponer por vez primera de lo mejor de los diversos ámbitos del desarrollo personal.

En ese viaje disponemos además de un referente singular, la tradición sagrada de la humanidad: el camino del Tao, la meditación Zen...

La serenidad del yoga, la respiración del Chi-kung, los estiramientos, el masaje y los talleres de conciencia corporal, las técnicas psicológicas de desarrollo personal (co-escucha, juego consciente, focusing...) y otras nuevas terapias (rebirthing, programación neurolingüística, técnica Alexander...).

Cada uno sigue su propio camino a través de algunas de esas pistas, procurando acertar con la mejor elección en el momento adecuado. Aconsejamos seguir a fondo un camino.

MEDITACIÓN Y CONTEMPLACIÓN

Cuando en Oriente y Occidente se habla de «meditación», se hace referencia a algo distinto. El término sánscrito *dhyana*, del que derivará el *zen* japonés, no tiene, en principio, mucho que ver con la meditación del cabalista, del sufí o del místico cristiano.

En Occidente, meditar sugiere una actitud mental activa, relacionada casi siempre con la reflexión sobre un texto sagrado, mientras que en Oriente ocurre lo contrario: se persigue una cesación de la actividad mental. Nos hallamos, pues, ante dos actitudes diferentes que, sin embargo, parecen desembocar en una misma experiencia: el estado contemplativo, más allá de lo manifestado, más allá de los contrarios.

El Corán insiste continuamente en la importancia de la meditación, fikr, que predispone al alma a la recepción de las bendiciones. Ésta consiste esencialmente en la lectura de los versículos coránicos, capaz de operar una apertura del corazón .

Roger Housden, en su delicioso libro *Fuego en el corazón* considera que la meditación puede proporcionar «un sabor de una claridad y presencia luminosa». Sin saberlo, este autor se está refiriendo a los temas constantes del cabalista: Bahir, Zohar, Shekinah, etc. Para éste, la meditación también se asocia a la lectura y al estudio de la Torah, cuyas palabras son, según el Zohar, «Luz» y «Presencia divina».

Isidoro de Sevilla afirmaba que cuando el hombre reza, está hablándole a Dios, pero que cuando lee las palabras divinas, es Dios quien le habla a él.

El sabio Isidoro se refería, sin embargo, al hombre interior, a propósito del cual escribe Marie Madeleine-Davy: «El alimento más sustancial del hombre interior reside en el contacto asiduo con los textos sagrados. Para el hombre interior la lectura cotidiana de los textos sagrados es análoga a las comidas que cada día ofrece a su cuerpo». *(El hombre interior y sus metamorfosis).*

Para Miguel de Molinos, la meditación es simplemente un medio para llegar a la contemplación. «Siempre que se alcanza el fin, cesan los medios», escribe el autor de la Guía espiritual.

«La meditación siembra y la contemplación coge; la meditación busca y la contemplación halla; la meditación rumía el manjar, la contemplación le gusta y se sustenta con él.»

JULI PERADEJORDI

SOBRE ESTE LIBRO

Hemos reunido una segunda selección de los mejores textos que hemos consultado durante más de dieciocho años de trabajo en las revistas *Integral* y *CuerpoMente*. Unos han salido publicados y otros son totalmente inéditos. Se trata de una selección realizada entre las más de 25.000 páginas que hasta hoy se han publicado.

UNA PANORÁMICA PARA NO MEZCLAR

En esa selección aparecen diferentes tipos de meditación, que en general siguen algunas de las tradiciones religiosas más conocidas. Es un verdadero privilegio poder disfrutar de algunas perlas de sabiduría procedentes de culturas muy lejanas. Pero recordemos que una cosa es acoger los rasgos esenciales de tales destellos, el aroma de esa sabiduría, y otra ponerse a trabajar. Cuando lo hagáis, seguid siempre un único método. No conviene mezclar los caminos de la meditación.

Para profundizar es conveniente saber «dónde se encuentra uno» en el momento en que se decide a meditar, «sentir» el camino más natural posible y seguir con ese camino durante los meses que sean necesarios hasta poder determinar si fue un error o la elección fue acertada.

Según LeShan, autor de un conocido libro sobre meditación, estos caminos serían cuatro:

- el camino del intelecto (gnana yoga, hasidim de la tradición hebrea, Krishnamurti);
- el camino de la devoción (monaquismo cristiano, bhakti yoga, Meher Baba);
- el camino del cuerpo (hatha yoga, tai chi, danzas derviches sufíes);
- el camino de la acción (tiro con arco, ikebana, aikido).

El maestro alemán K. G. Dürkheim resumió así los caminos de la meditación: «El fin de toda práctica iniciática es la unidad con el Ser esencial. En la vida de la persona preiniciática se distinguen tres niveles. En el primer nivel tiene interés la seguridad y el placer de vivir. En el segundo se es capaz de amar con altruismo y de servir a la sociedad. Un tercer nivel está determinado por la relación del ser humano con lo desconocido, bien sea esto una fe, una superstición o una fuerza sobrenatural, o bien de un modo totalmente personal.

»Desde el momento en que la persona despierta a la búsqueda y a la vida iniciática, estos tres niveles adquieren un nuevo significado. El orden de valores cambia. El factor que modifica los tres niveles es el descubrimiento de la transparencia inmanente, que aporta una nueva base y un nuevo sentido, tanto en el plano material como en el intelectual y el espiritual. Lo que el alumno siente cuando, en la respiración, él aspira y espira correctamente, permite percibir y vivir en detalle el sentido de esta transformación».

De todas formas, la meditación también puede ser una saludable costumbre, sencilla y fácil de incorporar a la vida diaria de cada uno. Como si se tratase de unos simples ejercicios de gimnasia matutina, los resultados llegan, más pronto o más tarde. Recordemos con los aborígenes australianos: «Cuanto más sabes, menos necesitas».

CONTRADICCIÓN

El lector encontrará contradicción en más de dos aforismos de este libro. Hay que aceptarlo como una manera de mostrar las paradójicas facetas del único espejo de la Verdad. En el fondo, todos los textos aspiran a acercarse a él; por tanto puede considerarse que vienen a decir «lo mismo».

LAS PALABRAS

Los que quieran evitar palabras relacionadas con expresiones religiosas convencionales pueden sustituir, si lo prefieren, la palabra «Dios» por algo más aceptable relacionado con lo Absoluto. En esta misma línea se pueden sustituir los «mandamientos» por una «ley universal».

CITAS «POLÍTICAMENTE CORRECTAS»

«No es un gran hombre el que sabe mucho, sino el que ha meditado mucho.» La inmensa mayoría de los textos y citas seleccionados forman parte de un conocimiento eterno. Esa sabiduría tradicional nos ha llegado expresada en un lenguaje que hoy reconocemos muy centrado en un mundo masculino y paternalista. Confiamos en la sagacidad y comprensión de todos, lectoras y lectores: se trata de extraer la esencia, lo mejor que puedan dar de sí esas reflexiones.

LEER Y PRACTICAR

Decimos que queremos aprender, pero si no sabemos cómo hacerlo (o no queremos aprender de veras), nadie puede hacer más que informar acerca de los hechos. Recordemos al hombre que, cuando se le dio a leer un libro dijo: «No, ya lo probé una vez y no dio resultado».

De todas formas, como observó el hijo de Alejandro Dumas: «El que lee sabe mucho; pero el que observa sabe más todavía».

O también: «Cuanto más sabes, menos necesitas».

MAESTROS Y ALUMNOS

Ningún maestro tiene más de un alumno: él mismo.
Ningún alumno tiene más de un maestro: él mismo.

ERRAR Y NO ERRAR

Si hacemos proyectos a largo plazo, contando vivir mucho tiempo, en lugar de cumplir cada día con nuestros deberes, como si ese día fuese el último de nuestra vida, cometemos un funesto error.

Si dividimos la vida entre las esperanzas y los temores vulgares, en lugar de tomar conciencia de la Realidad, cometemos un funesto error.

Si nos esforzamos por obtener una alta posición social en lugar de trabajar en el desarrollo del Conocimiento que hay latente entre nosotros, cometemos un funesto error.

Alimentar altas y nobles aspiraciones, manteniendo una conducta modesta, no es errar.

Aliar un espíritu vivo y penetrante con un mínimo de orgullo no es errar.

Combinar la abnegación, la devoción desinteresada con los sabios métodos para hacer el bien a otros no es errar.

ME EQUIVOCARÍA MÁS

Si viviera de nuevo quisiera equivocarme más veces. No intentaría ser tan perfecto. Me relajaría más. Sería más simple y no me tomaría en serio tantas cosas. Sería más alocado.

Aprovecharía más oportunidades para compartir con los hijos y las personas que quiero, subiría montañas, nadaría los ríos, contemplaría puestas de sol y conocería más personas.

Tendría más preocupaciones reales y menos imaginarias.

Viviría el goce del instante presente y no me preocuparía tanto por el futuro.

1

¿Qué es meditación?

QUÉ Y CÓMO

Según las filosofías de Oriente, la meditación nos conecta con la realidad cósmica y hace que experimentemos la unidad entre todo lo creado. Pero sentarse a meditar tiene otros efectos, quizá mucho más humildes, pero que sin duda enriquecerán nuestra vida. Desde el punto de vista fisiológico se ha demostrado que meditar calma el sistema nervioso y que, en general, es eficaz para la prevención y el tratamiento del estrés. Por otro lado, dedicar unos minutos diarios a meditar puede sernos también de gran ayuda para mejorar nuestro equilibrio emocional y nuestra capacidad de atención.

La meditación no es, como piensan muchos, pasarse horas enteras con las piernas cruzadas y cara de eremita amargado. Tampoco es algo que practiquen sectarios o personas con pretensiones místicas. Meditar es algo muy sencillo y accesible a todos. No sabemos si a través de la meditación llegaremos a lo divino, pero en cambio sí es seguro que nos permitirá alejar el estrés y la ansiedad. Aunque sólo fuera por eso, meditar ya valdría la pena.

La meditación es como el dormir, sobreviene naturalmente cuando las condiciones son adecuadas. Si, además de seguir los pasos que indicamos, se ha practicado con anterioridad alguna técnica de relajación y aprendido a respirar correctamente por el abdomen, el estado meditativo está casi garantizado.

EL MEJOR MOMENTO

Los beneficios de la meditación se obtienen a partir de una práctica regular. Por ello, es mejor ser humilde con las metas y perseverante en llevarlas a cabo. Sentarse de diez a veinte minutos dos veces al día es suficiente. Nos será más fácil si podemos hacerlo cada día a la misma hora. Esto hará que la mente «se habitúe» a ello y se tranquilice sin demora.

Los mejores momentos suelen ser a primera hora, antes de empezar la jornada, o al final del día, siempre que no estemos muy cansados. También es bueno evitar esta práctica después de las comidas, ya que acabaríamos sesteando.

ESCOGER UN LUGAR

Habrá que buscar un lugar cómodo y tranquilo. Se recomienda, si es posible, acondicionar un espacio dedicado únicamente a meditar. Cualquier rincón aislado puede bastar. Es importante asegurarse de que nadie nos molestará durante ese periodo de tiempo. Si es necesario, puede desconectarse el teléfono.

Todo lo que contribuya a crear un ambiente de recogimiento favorecerá la meditación. Unos gustarán de encender una vela, otros dejarán quemar una barrita de incienso o utilizarán algún aceite esencial relajante para perfumar la habitación...

LA POSTURA

Lo primero que hay que tener en cuenta es que si no estamos cómodos no podremos meditar y que es más importante meditar bien que conseguir sentarse en alguna de esas posturas tan «vistosas». Ante todo se trata de tener la espalda y el cuello rectos. Podemos conseguir esto de varias maneras:

- Sentados en el suelo con las piernas cruzadas, la espalda recta y las manos sobre las rodillas o entre los talones, con la mano derecha sobre la izquierda. No dudéis en utilizar algún cojín o manta doblada.
- De rodillas, sentados sobre los talones, manteniendo el cuerpo, cuello y cabeza erguidos. Las rodillas juntas con las palmas de las manos sobre ellas. Un grueso almohadón cogido bajo los muslos y encima de la parte inferior de las piernas aumentará la comodidad.
- Sentados en el suelo con las piernas juntas y estiradas. Apoyamos la espalda en la pared y las manos sobre los muslos.
- Sentados en una silla dura y firme, en la que la espalda pueda apoyarse bien. Los pies descansan en el suelo y las manos sobre los muslos.
- Acostados sobre una superficie dura. Esta es una postura recomendada para hacer algunas visualizaciones o para las personas enfermas. Es más fácil que nos entre sueño si estamos tumbados.

Un verso del *Tao Te Ching* nos recuerda que «un viaje de mil millas empieza con un paso». Los ejercicios que siguen son los que nos han parecido más útiles para adentrarse por primera vez en el fascinante mundo de la meditación.

TRATAK

Éste es un ejercicio que viene del Yoga. *Tratak* es fijar la mirada en un punto u objeto sin parpadear. Se emplea para desarrollar la concentración y para mejorar la vista. Se puede hacer tratak sobre diversos objetos: una vela, un punto, el fuego, una flor, una foto, etc. Si lo haces con una vela, colócala a la altura de los ojos a un metro de distancia. Siéntate con la espalda recta y el cuerpo relajado. Fija la mirada en la llama hasta que te broten lágrimas. Cuando esto ocurra, cierra los ojos, relaja los músculos oculares y trata de visualizar la llama de la vela en el entrecejo durante un minuto aproximadamente. De nuevo, abre los ojos y vuelve a mirar fijamente la llama durante unos minutos. Después, cierra los ojos y relájate. Esto puede durar durante cinco o seis minutos. Cuida que los ojos no estén demasiado tensos. El período de relajación, con los ojos cerrados, debe equivaler al tiempo que has estado fijando la mirada en la llama.

OJOS ABIERTOS, OJOS CERRADOS

Una de las dudas más frecuentes acerca de la práctica de la meditación es si ésta debe realizarse con los ojos cerrados o abiertos. En el noventa por ciento de los casos, quienes cierran sus ojos durante la meditación acaban por adormecerse. Apenas meditan durante cinco minutos y permanecen en el umbral del sueño durante quince o veinte. En estos casos no hay energía dinámica, sólo complacencia y una agradable sensación de descanso.

Lo mejor es mantener los ojos entreabiertos, realizando lo que se denomina la *meditación del león*. De este modo, incluso cuando se realiza un viaje por las profundidades de nuestro ser, la atención se enfoca conscientemente tanto en el plano físico como en el subconsciente. Tanto el mundo físico, con sus ruidos y elementos perturbadores, como en el mundo subconsciente, el mundo de los sueños, invitan al individuo. Sin embargo, éste, mediante la meditación del león está conquistando a ambos. Está retando al mundo de los sueños, y al mismo tiempo controlando el plano físico, dado que puede ver lo que ocurre a su alrededor.

LA TÉCNICA BÁSICA: LA RESPIRACIÓN

Hemos encontrado el momento, el lugar y la postura que nos han parecido ideales para empezar a meditar. Cerramos los ojos y nos fijamos en la respiración. Comienza respirando profundamente durante unos cinco minutos para oxigenarte bien. Concéntrate en la respiración; nota el movimiento del abdomen que sube y baja lentamente. Imagina que, con cada inspiración, una gran cantidad de energía fluye hacia ti; al espirar, nota que todas las tensiones se alejan.

Deja ahora que la respiración se ralentice todavía más, que se haga regular, profunda y automática. Te resulta casi imperceptible. Selecciona un punto sobre el que concentrarte, el entrecejo (si eres muy intelectual) o el centro del corazón (si eres más emocional). Una vez seleccionado tu punto focal, no debes abandonarlo nunca.

Al principio la mente saltará de una cosa a otra. (¡Tan fácil como parecía, y lo difícil que resulta concentrarse!) Los pensamientos se agolparán, las ideas más peregrinas te asaltarán. Tranquilo, no te esfuerces demasiado tratando de «no pensar», déjalos pasar, observa tus pensamientos como si estuvieses viendo una película. Si dejas de luchar contra ellos, la mente se calmará progresivamente.

Es inevitable que oigas ruidos. No importa, trata de no identificarlos. Vuelve una y otra vez a tu punto focal.

Cuando desees terminar la meditación, no lo hagas de golpe. Vuelve a respirar con profundidad varias veces, siente todo tu cuerpo en el suelo, o en la silla, recuerda cómo es la habitación o el lugar donde estás y, lentamente, abre los ojos.

MANTRAS

No parece muy fácil estar ahí, «dejando pasar» los pensamientos y concentrándose en el entrecejo o en el corazón. La repetición de mantras se presenta como una gran ayuda. Por supuesto que los mantras tienen un significado más complejo, pero la repetición de estos sonidos, o de alguna otra frase, ayuda a mantener la mente ocupada y favorece la concentración. Los mantras son invocaciones, en lengua sánscrita, al Ser Supremo en cualquiera de sus formas. La tradición hindú les otorga el poder de elevarnos hasta la energía pura.

El mantra más abstracto y conocido es el OM, que simboliza la divinidad suprema en todas sus manifestaciones. En la tradición hindú el sonido OM se considera sagrado y esencial y debe pronunciarse sobre la espiración más profunda: «Aooooo-ommmmm...». La fuerza de ese sonido es increíble: la *a* parte de la garganta, la *o* (hay quien al final de las oes tiende a *u*) desciende profundamente hasta el bajo vientre, y se termina con la *m*, energía pura que vibra en el cráneo. Sin dejar de concentrarte en tu punto focal, puedes repetir «OM» en consonancia con la respiración: «OM», al inspirar; «OM» al espirar. También es posible repetir: «Calma» o «Relax» o cualquier otra palabra que nos inspire.

VISUALIZACIÓN CREATIVA

La visualización creativa consiste en la técnica de emplear nuestra propia imaginación para crear lo que deseamos en la vida. Se trata de una capacidad natural de imaginación, la energía creativa del Universo que empleamos permanentemente, sin tener conciencia de ello.

La capacidad de imaginar consiste en crear una idea o imagen mental. En la visualización creativa la imaginación se utiliza para generar una imagen clara de algo que deseamos se manifieste. Una vez que esta imagen o idea ha sido creada, nos centramos en ella de forma regular, transmitiéndole energía positiva hasta que se convierte en una realidad tangible. Es decir, hasta que efectivamente conseguimos lo que hemos estado visualizando.

Supongamos que tenemos una relación difícil con alguien y deseamos crear un clima de mayor armonía con esa persona. Pongamos por ejemplo que somos nosotros quienes tenemos el problema.

El punto de partida consiste en relajarse hasta alcanzar un estado mental profundo, sereno y reflexivo. Imaginemos mentalmente que nos relacionamos y comunicamos con esa persona de un modo armonioso y abierto. Tratemos ahora de llevar a nuestro interior la sensación de que esa imagen mental es posible, y procuremos experimentarla como si realmente estuviera real.

La repetición de este simple ejercicio dos o tres veces al día, o siempre que el tema aparezca en nuestra mente, contribuirá a que la relación con la otra persona se torne más fácil y fluida. El problema terminará por desaparecer, de un modo u otro, en beneficio de las dos partes.

La visualización creativa no puede ser empleada para intervenir sobre el comportamiento de los demás. Lo que esta técnica consigue es vencer nuestras barreras internas que se encuentran en oposición a la armonía natural y a nuestra realización, haciendo posible que se manifiesten nuestros aspectos más positivos.

MÍSTICA DEL CORAZÓN

Uno de los métodos de meditación occidental más antiguos es la *mística del corazón*, también conocida como *plegaria de Jesús*. Se remonta a los primeros siglos del cristianismo y se extendió por el Oriente cristiano. Todavía hoy se sigue practicando con asiduidad en algunos monasterios del cristianismo ortodoxo, por ejemplo, en los monasterios del monte Athos (Grecia).

Esta tradición espiritual otorga al corazón un papel primordial en la vida de oración. El corazón es considerado como la sede de la inteligencia y la sabiduría. Para poder dirigirlo hacia Dios sin tregua, repiten constantemente la plegaria: «Señor Jesucristo, ten piedad de mí». Este método de oración está recogido en la *Philokalia*, un libro griego cuyo título significa «amor por aquello que es bello». Su contenido es práctica habitual en la Iglesia oriental y, sobre todo, en el monte Athos. En los *Relatos de un peregrino ruso*, libro que ilustra esta plegaria, leemos: «Manténte sentado en silencio y soledad, inclina la cabeza, cierra los ojos; respira más suavemente, dirige tu mirada interna hacia el corazón. Repite, en consonancia con tu respiración: "Señor Jesucristo, ten piedad de mí", en voz baja o mentalmente. Esfuérzate en alejar los pensamientos, sé paciente y repite este ejercicio a menudo».

Los efectos de esta meditación son equiparables a los de la repetición de un mantra hindú.

EN LA VIDA COTIDIANA

¿Cómo incluir unas cuantas «chispas» de la meditación en la vida de cada día?

Si meditar es situarse en el «eterno presente» y detener ese constante ir y venir de nuestra mente, la forma más sencilla de hacerlo es dirigir toda nuestra atención a aquella actividad que estemos realizando en un momento determinado: cocinar, conducir, conversar con un vecino... Quizá pensemos que el presente no nos gusta y que, por tanto, no merece la pena recalar en él. Pero la belleza acecha en cada recodo de nuestro camino y sólo podremos hallarla deteniéndonos a vivir con intensidad cada instante de nuestra vida.

Más que una técnica, la meditación puede llegar a ser una actitud ante la vida, un querer intensificar nuestra vida y nuestra vivencia de cada instante. Cualquier actividad puede llegar a ser muy placentera si escogemos pequeños períodos, de cinco o diez minutos, para realizarlas con actitud meditativa.

- Cocinar: detenerse a observar las increíbles formas de los alimentos, espirales, ramificaciones, estrellas... Escuchar el ruido de los vegetales al ser cortados, el movimiento del puré al iniciar el hervor... Dejarse embriagar por los aromas ...
- Jardinería: estar presente. Sentir la vida en la planta, su forma, su sed, su olor, su color...

• Barrer una habitación tratando de no pensar en nada más que no sea el rozar de la escoba sobre el suelo, en la suciedad que vamos recogiendo, en nuestras manos sosteniendo el mango...
• Pasear: acoplar la respiración a los pasos. Observar el movimiento de todo nuestro cuerpo, los pies, las piernas, los brazos. Podemos incluso repetir el «om» al respirar...
• Escuchar: sentarse en una postura cómoda, cerrar los ojos y permanecer muy atento a todos los sonidos que lleguen, sin tratar de identificarlos.
• Viajar en tren: observar el ruido monótono del tren, el correr del paisaje ante nosotros...

Se trata, en suma, de dejar de hacer las cosas normales de modo automático. La vida cotidiana, siempre a caballo entro lo divino y lo humano, tiene más que sobrados ingredientes para llevarnos hacia estados que se asemejan mucho a la meditación. Aprovéchate de ello y mejorará tu calidad de vida.

LOS CUATRO ESTADOS SUBLIMES DE LA MENTE

1 · Benevolencia

Los pensamientos benevolentes permiten realizar una penetración, primero en una dirección, luego en otra y, más tarde, en una tercera, hacia arriba, abajo, y a nuestro alrededor. Los pensamientos de benevolencia, gracias a un corazón que ha crecido, que se ha ampliado, que se ha purificado de todo deseo de mal, nos permiten una identificación con el todo.

2 · Compasión

Los pensamientos de compasión permiten realizar una penetración, primero en una dirección, luego en otra y, más tarde, en una tercera, hacia arriba, abajo, y a nuestro alrededor. Los pensamientos de compasión, gracias a un corazón que ha crecido, que se ha ampliado, que se ha purificado de todo deseo de mal, nos permiten una identificación con el todo.

3 · Simpatía gozosa

Los pensamientos de simpatía gozosa permiten realizar una penetración, primero en una dirección, luego en otra y, más tarde, en una tercera, hacia arriba, abajo, y a nuestro alrededor. Los pensamientos de simpatía gozosa, gracias a un corazón que ha crecido, que se ha ampliado, que se ha purificado de todo deseo de mal, nos permite una identificación con el todo.

4 · Ecuanimidad

Los pensamientos ecuánimes permiten realizar una penetración, primero en una dirección, luego en otra y, más tarde, en una tercera, hacia arriba, abajo, y a nuestro alrededor. Los pensamientos ecuánimes, gracias a un corazón que ha crecido, que se ha ampliado, que se ha purificado de todo deseo de mal, nos permite una identificación con el todo.

MEDITACIÓN DINÁMICA

Un maestro controvertido, el polémico Osho, sentó las bases de la meditación dinámica, un camino que tiene por objetivo alcanzar el estado de no-mente. Osho (Bagwan Shree Rajneesh) se convirtió en un hombre criticado por sus actitudes en el terreno de la sexualidad y por su extravagante ostentación de riqueza. Por el contrario, su personalidad se respeta con intensidad por multitudes que le reconocen sus aportaciones para liberar al individuo occidental de muchos cánones y valores sociales y psicológicos que no le permiten realizarse.

Según él, la degeneración del mundo se debe a la preponderancia de la mente en la naturaleza humana. Como solución propone que la mente vuelva a estar al servicio del ser humano completo, y para ello se necesita la meditación. Para ello el maestro incorporía muchas técnicas de la tradición hindú: tantra yoga, prana yoga, vipassana; así como las sufí y tibetana.

La meditación más eficaz

Una de las meditaciones que más transforman y en menos tiempo es la «Rosa Mística». Consta de tres fases de una semana de duración cada una. En la primera, los participantes ríen sin parar durante tres horas seguidas cada día. En la segunda, lloran el mismo tiempo. Durante la tercera semana, en completo silencio, buscarán su centro. Las meditaciones activas intentan, a través de la danza, los giros, los movimientos caóticos, o la jerigonza (hablar sin decir nada), hacer descarrilar el hilo de la mente y pararla. Luego, las palabras sobran.

El estado de no-mente

Hablar de meditación o escribir sobre ella, es un reto, casi una contradicción, a no ser que escuchemos a «los que saben», los «maestros realizados», los «seres perfectos», cuando tratan de acercar, con sus palabras, nuestro entendimiento a la percepción de la realidad.

Digo «tratan» porque incluso para ellos es una tarea difícil, pues los que saben a menudo callan, y los que no saben son los que hablan. Más allá de los conceptos intelectuales, el silencio parece ser la respuesta. Así lo puso en relieve Meher Baba, sabio que afirmó que «las cosas que son realidad vienen dadas y recibidas en silencio».

QUÉ «NO» ES MEDITACIÓN

Quizá sea más fácil y apropiado explicar lo que «no» es meditación. Meditar no es pensar.

«La meditación es un estado de no-mente, de conciencia pura, sin contenido. Los pensamientos no se mueven, los deseos no se agitan, te encuentras en completo silencio: ese silencio es meditación.

»La única medicina para nuestros problemas, la medicina última, es la meditación, por lo tanto, olvida tus problemas: sólo entra en la meditación.

»Meditar tampoco es concentrarse, pues la concentración es un hacer, un acto de la voluntad, la focalización del yo sobre un objeto. Al contrario, ser consciente significa tener una mente despierta, pero no enfocada. La percepción es el conocimiento de todo lo que está sucediendo. La meditación es pura atención sin tensión.

»No puedes meditar: puedes estar en meditación. No puedes estar en concentración, pero te puedes concentrar. La concentración es humana, la meditación es divina.

«Meditación no es pensar, sino vivir. Vívela cotidianamente, o sea, vive en ella, o deja que ella viva en ti. La meditación es existencial. No es más que la experiencia vital de cada día vivida plenamente. La meditación no es búsqueda, es encuentro.

»Meditar no es aislarse del mundo, como lo hacen ermitaños y ascetas. Todo lo contrario, es un reconectarse con el universo, es unión (yoga) con la existencia entera.

»La meditación no es un método, una técnica cualquiera.

»La meditación no es aprender algo, porque en esta dimensión nadie nos puede enseñar nada, ni siquiera el maestro. Meditar es más bien desaprender, deshacernos de nuestro bagaje intelectual, de nuestras posesiones egóticas y, en primer lugar, nuestra mente, nuestras ideas y conceptos».

«Vaciaos y conoceréis». Pero ¿cómo lograrlo? La técnica más sencilla y completa en sí es Vichara. Sólo hay que contestar sin cesar a la pregunta fundamental: «¿Quién soy yo?», el método fundamental de Ramana Maharshi, para quien «si realizamos nuestra verdadera naturaleza en el interior de nuestro corazón, eso es la plenitud de ser-conciencia-beatitud (Sat-Chit-Amanda), sin principio ni fin».

QUÉ «SÍ» ES MEDITACIÓN

Quizá la mejor definición de meditación sea ésta: «Si la meditación es el arte del éxtasis, también es el arte de la celebración. Es un derecho de nacimiento. Está esperando que te relajes para poder cantar una canción, transformarse en una danza [...] y desaparecer en el estado de absorción divina, como los derviches danzantes [...]. Todas las meditaciones son maneras sutiles de emborracharse de divinidad».

Meditar no tiene nada que ver con la seriedad. Relacionamos falsamente meditación con la imagen del yogui en su posición hierática, sentado en loto, inmóvil e imperturbable, o también tenemos la visión del monje o del ermitaño retirado del mundo. Imaginamos una vida de austeridad y de sacrificio.

Pero meditar nada tiene que ver con la seriedad. Cuando la vocación es genuina y la búsqueda verdadera, la persona dedicada al viaje interior se transforma visiblemente, irradia una cualidad y una presencia luminosa. Todo su ser emana felicidad.

Mientras tanto, aquí estamos, simples humanos, apegados, identificados, sufriendo en la oscuridad, quizás anhelando la luz y la solución a nuestros problemas «existenciales», cuando la vida no es un problema por resolver tal y como afirmaba Kierkeegard, sino un misterio a vivir.

No vivas con la mente,
por que, si no, siempre te quedarás atrás.

Pensar es la enfermedad.
Pensar es parar, detener y helar.

Alguien preguntó a Mullah Nasrudín:
«¿Cuántos años tienes, Mullah?».
«Cuarenta.»
«¡Pero si hace cinco años me dijiste lo mismo!»
«Sí, soy muy consecuente, y siempre digo lo mismo que ya dije antes.»

Al Universo lo único que le interesa es el juego.
Pero el hombre apenas si deja de trabajar un momento en toda la vida.

LA VIDA QUE FLUYE

La vida va fluyendo.
No espera.
Pero la mente piensa, por lo que gasta tiempo.
Para pensar, ¡el tiempo es necesario!
Pero en realidad no hay tiempo en la existencia.
Sólo parece que lo hay por causa de la mente y su pensar.
La existencia no existe en el tiempo, sino en la Eternidad.
Existe en el eterno ahora.
Donde no hay «ayer» ni «mañana».
Sólo presente.
Y ni siquiera esto.
Porque sin «pasado» ni «futuro», ¡es un sin sentido llamarlo «presente»!
Si vives con la mente, siempre te quedarás atrás.
La vida no te espera. Ni a ti ni a lo que llamas mente.
Por eso la mente siempre siente que algo se le escapa.
Se le escapa la vida misma ¡y siempre!

NO ES PENSAR, SINO VIVIR

Pensar es necesario, pero no suficiente.
Uno tiene que conocer también la vida.
Meditación no es pensar, sino vivir.
Vívela cotidianamente, a cada momento.
Vive en ella, o deja que ella viva en ti.
Tampoco es nada del otro mundo:
tales distinciones son mentales y especulativas.
Meditación es experiencia vital de cada día, vivida plenamente.
Cuando Mencio dice: «La verdad está cerca y la gente la busca lejos»,
quiere decir esto.
O como cuando le preguntan a Tokusan sobre ello y contesta:
«Cuando tienes hambre, comes; cuando tienes sed, bebes,
y cuando te encuentras con un amigo, le saludas»,
quiere decir esto.
O como cuando Ho Konji canta:
«¡Qué asombroso, qué misterioso es esto!
Acarreo leña, saco agua del pozo!»,
también se refiere a ESTO.
Y cuando digo algo,
siempre aludo a ESTO.
O quizás no digo nada,
pero también entonces me refiero a ESTO.

HUMILDAD Y MEDITACIÓN

Un día le preguntaron a Lin-chi: «¿Cuál es la esencia de la meditación?». Lin-chi bajó de su asiento y, agarrando al que le había preguntado por la parte delantera de su túnica, le abofeteó el rostro y luego le soltó. El interlocutor, naturalmente, se quedó allí de pie, estupefacto.

Entonces Lin-chin se rió y le dijo: «¿Por qué no me haces la reverencia?». Esto lo sacó de su estupor y, en el momento de inclinarse ante el maestro, ¡tuvo su primera experiencia del sabor de la meditación!

Por favor, lee esto una y otra vez, y si no paladeas el mismo sabor, abofetea tu propio rostro, y entonces ríe e inclínate ante ti mismo.

Entonces lo saborearás, ¡seguro!

EL MISTERIO DEL VACÍO

Nos instalamos donde no es posible instalarse.
Nos hacemos casas, cuando no tenerlas
es la naturaleza misma de nuestra conciencia.
Vivimos haciendo lo imposible. Y sufrimos.
Pero sólo nosotros somos responsables por ello.
Luchamos contra el vacío, y nos vence.
No porque el vacío sea más fuerte que nosotros.
Sino porque NO *es.*
Ahora, levántate y lucha contra el espacio vacío de la habitación,
para saborear la total estupidez de la mente humana.
Luego siéntate y ríete de ti mismo.
Y después de reír, calla y busca DENTRO *de ti.*
Y entonces comprenderás un profundo misterio:
el misterio de que el Vacío no está sólo FUERA, *sino también* DENTRO.

EL HUECO

Mira: es sólo un papel blanco con un dibujo.
Puedes considerarlo como papel blanco o como dibujo.
O escucha el silencio que contiene una sonata.
Puedes atender al silencio o a la sonata.
O piensa en el espacio que contiene un edificio.
Puedes apreciar el espacio o el edificio.
O imagina una casa vacía.
Puedes concebirla como paredes o como vacío.
Si ves el dibujo, el edificio, la sonata o las paredes, estás en la mente.
Pero si ves el papel blanco, el silencio, el espacio o el vacío,
estás cerca de la meditación.

ESCAPAR O NO ESCAPAR

No puedes escapar del YO.
Porque TÚ eres el YO.
¿Cómo puedes escapar de ello?
Es como huir de la propia sombra, y todos los esfuerzo serán inútiles.
Mejor deténte y obsérvalo.
Conviértete en su testigo.
Vigílalo.
Enfréntate con la sombra: Hum... ¿dónde está?
En realidad nunca fue.
La creaste al no enfrentarte con ella.
Y la reforzaste al huir de ella.
Y ¿no ha llegado el momento YA de acabar con el juego?

PALABRAS Y SILENCIO

La palabra no es la cosa.
La palabra dios no es Dios.
Pero la mente va acumulando palabras, palabras, palabras.
Y las palabras acaban convirtiéndose en un obstáculo.
Observa este hecho en tu interior.
¿Puedes acaso ver algo sin la palabra?
¿Puedes sentir algo sin la palabra?
¿Puedes vivir siquiera un breve instante sin la palabra?
No pienses: VE.
Entonces te hallarás en el camino de la meditación.
Existir sin palabras es estar en el camino de la meditación.

SOLEDAD

La soledad es el templo de la divinidad.
Y recuerda que no hay otro templo.

2

Relajación y concentración

RELAJACIÓN Y CONCENTRACIÓN

De la misma manera que primero se aprende a caminar y después a correr, primero se aprende a relajarse y luego a meditar, poniendo énfasis en la concentración en los primeros pasos.

Cuando meditamos o nos relajamos es frecuente que se experimenten sensaciones inusuales, causadas por la energía que circula alrededor del cuerpo. En determinados casos, estas sensaciones pueden estar asociadas a tirones y espasmos. Lo más normal es que se trate de viejas tensiones que se liberan y de la energía del cuerpo que se reequilibra.

He aquí algunas prácticas que ayudan a reducir tensiones:

- Es conveniente descansar por la noche, acostándonos y levantándonos con horarios regulares y razonables.
- Se debe mantener una alimentación sensata, a través de una dieta equilibrada, comiendo a horas regulares.
- Realizar ejercicio físico. La práctica deportiva debe ser razonable, evitando pasar abruptamente de una vida sedentaria a realizar varias horas diarias de ejercicio. Las actividades físicas livianas, como caminar por parques y cuidar del jardín, son especialmente positivas.
- Utilizar medicamentos sólo cuando sean imprescindibles para la salud, evitando la automedicación.

TRES PASOS EN EL CAMINO

1 · Despejar la mente

La mayor parte de los beneficios producidos por la práctica de la meditación se pueden conseguir mediante la práctica de los ejercicios para despejar la mente. Ellos ayudan a aquietar el flujo constante de palabras que circulan por nuestra cabeza.

2 · Observar la mente

El segundo paso en la práctica de la meditación consiste en la observación de la mente. Este tipo de ejercicios hacen posible identificar y prestar atención a los pensamientos que pasan por nuestra mente. Ahora bien, en lugar de sentirnos implicados en ellos, mediante estos ejercicios conseguimos distanciarnos y observar la forma en que los pensamientos nacen y se desvanecen, como si se tratara de una película.

3 · Domesticar la mente

El objetivo de la domesticación de la mente es alcanzar el «no sé». Los conceptos claves para domesticar la mente son: compasión, visualización, relajación y reconocimiento de la propia ignorancia, el «no sé».

«En todas las actividades de la vida, desde la más trivial hasta la más importante, el secreto de la eficiencia está en una habilidad para combinar dos estados aparentemente incompatibles: el de máxima actividad y el de máximo relajamiento.»

ALDOUS HUXLEY

LA TÉCNICA

Existen diversas técnicas para relajar, todas muy eficaces. Hemos elegido las que nos parecen más fáciles de explicar y poder seguir por uno mismo, en casa o en cualquier lugar.

CONCENTRACIÓN

(«¡Y parecía tan sencillo!») Probándolo os daréis cuenta de que no es nada fácil tener la mente quieta, sin pensar en nada, simplemente concentrada en un único punto (por ejemplo, en la propia respiración).

Casi no haría falta decirlo: la meditación no es un método para establecer contacto con extraterrestres. En la larga historia del misticismo hay continuas referencias a fenómenos paranormales. De vez en cuando se dan experiencias de telepatía, clarividencia o precognición.

Más riesgo entrañan aquellos estados, variantes del espiritismo, en los que la persona que medita puede ser sorprendida en su buena fe y termina convirtiéndose en una especie de médium o canalizador de mensajes, en el mejor de los casos estériles.

FÍSICA

Un cuidadoso estudio de las ondas cerebrales en estado de meditación permite avanzar en la hipótesis de que la conciencia en sí misma contiene de una forma global, unificada y abstracta todas las leyes de la naturaleza. Eso mismo fue avanzado en parte hace miles de años por la Vedanta, uno de los textos sagrados del hinduismo. Hoy, los físicos modernos se sorprenden de que las partículas elementales se agrupen de determinada manera según el ánimo del científico que las observa en ese momento: casi una invitación a retornar al origen.

Danah Zohar sostiene en *Conciencia cuántica* que «las percepciones de la física moderna pueden cambiar nuestra comprensión de la vida cotidiana, nuestras relaciones con nosotros mismos, con los demás y con el mundo en su conjunto. La conclusión es una nueva psicología que puede llevarnos a un nuevo modelo de conciencia humana». Así como se prevén nuevos horizontes para la psicología, nos resistimos a creer, en cambio, que pueda existir algo como una «nueva» conciencia; pero sí cabe saludar con optimismo un mayor «despertar» de la conciencia. En todo caso los elementos íntimos con que cuenta el ser humano son los mismos.

EL GRANITO DE ARENA

Cuando se popularizaron los primeros datos relacionados con la meditación trascendental (MT) sobre los efectos positivos de la meditación, tanto a nivel individual como colectivo, algunos intelectuales los relacionaron con ciertos mensajes marianos acerca de la desaparición del comunismo. Pero lo cierto es que, al margen de otras consideraciones acerca del enfoque de ésta u otras organizaciones similares, la validez de sus enseñanzas básicas es más que útil y regeneradora del tejido social. Vale la pena recordar los esfuerzos para introducir técnicas de yoga, relajación y respiración en las cárceles o en puntos conflictivos del planeta como Suráfrica, Rusia, Israel... Los resultados parecen invitar a la esperanza, cuando menos, de una mayor comprensión.

El tiempo que invertimos sentados sobre el pequeño cojín de meditación puede recompensarnos con creces manteniéndonos más jóvenes. Un reciente estudio del *Journal of Behavioral Medicine* de Estados Unidos revela que las personas que practican meditación con regularidad poseen mayores niveles de una hormona relacionada con la edad que son comparables a los de los no meditadores entre cinco y diez años más jóvenes.

Una hormona, el sulfato de dehydroepiandosterona (DHEA-S), incrementa su presencia normalmente hasta poco más allá de la veintena, y luego empieza a declinar. Los investigadores han comparado la sangre de 423 practicantes de meditación y la de 1252 no meditadores sanos. Los no meditadores fueron comparados con los meditadores, agrupados en grupos (de 5 en 5 años) según la edad.

El resultado ha sido que las mujeres meditadoras muestran un mayor nivel de DHEA-S que las no meditadoras en todos los grupos. Los hombres por debajo de los 40 años presentaron pequeñas oscilaciones, pero a partir de esa edad, los meditadores también dieron unos índices significativamente más elevados que los no meditadores.

La concentración es la flecha.
La meditación es el arco.
SRI CHINMOY

AHORA

«Deseas comenzar de nuevo toda tu vida.

»Pues no esperes más. Eres tan capaz como cualquier otro ser humano.

Disminuye tu ración de alimentos a la mitad. Es suficiente. Que tu alimento sea natural. Camina el doble. Haz algo con tus manos. Destruye todo lo que tu cerebro está produciendo y reconstrúyelo totalmente nuevo.

»Habla lo menos posible, sobre todo de ti mismo y de la vida privada de las demás personas. No te entrometas en la vida de los que te rodean. Vive tu propia vida. Deja que cada cual viva su propia vida. No eres dueño de nadie. Nadie es dueño de ti. El amor no nos da derechos ni deberes.

»Escucha a todos, pero no sólo con los oídos sino también con tus sentimientos, si es que no has permitido que esta civilización torpe te los haya destruido por completo (tanto los oídos como los sentimientos).

»Mira a solas frecuentemente la amplia línea donde la tierra se une con el cielo, así no te olvidas de que todavía es posible esa unión.

»No busques ver nada. Mira atentamente con espontaneidad todo aquello que vaya surgiendo en cada uno de los momentos. No busques escuchar nada. Escucha con tranquilidad todo lo que forma parte de la confusión, el chisme, el ruido y la trivial frivolidad que te rodea. El silencio también puede curarte.

»Piensa si todo lo que posees es realmente necesario para tu supervivencia. Piensa por qué no eres capaz de gozar con la simple satisfacción de tus necesidades.

»Piensa alguna vez muy seriamente si algo de lo que haces (o la manera en que lo haces) está destruyendo tu serenidad y tu alegría. Recuerda que tu tranquilidad y tu capacidad de gozar son muy importantes para el bienestar de los que te rodean.

»Acepta a todos tal cual son, no pretendas cambiar a nadie, pero no temas ser diferente a ellos. No busques causas para alegrarte de estar vivo. Comienza todo de nuevo. ¿Dónde comenzar, sino contigo mismo?

»Adelante. Puedes hacerlo. Puedes hacerlo. No argumentes. Dentro del próximo minuto puedes ser un humano. ¡Salta! ¡Ya mismo!»

RAFAEL TRAMY

RELAJACIÓN, UN ARTE OLVIDADO

La relajación es la actividad más natural que existe. Los animales tienen una capacidad innata para alternar los períodos de tensión física con los de relajación, por el contrario el ser humano hace tiempo que ya no sabe cómo hacerlo.

La relajación es un arte olvidado: pocas personas pueden afirmar que se sienten completamente relajadas durante la mayor parte del día, y esto es una consecuencia del grado de estrés que sufrimos en nuestra vida y de la cantidad de tensión oculta o inconsciente que existe en nuestro cuerpo. Este responde a los desafíos de la vida diaria mediante una compleja cadena de cambios fisiológicos y bioquímicos en la que participan el cerebro, el sistema nervios y diversas hormonas.

En el caso ideal, dormir bien durante toda una noche debería servir para suprimir la tensión corporal y mental, pero no siempre se consigue un descanso suficientemente reparador. Aunque estamos relajados durante muchas horas, el sueño por sí solo no es suficiente. En la sociedad moderna se sufre un bombardeo continuo de estímulos que provocan estrés, y por ello necesitamos aprender a relajarnos conscientemente lo más a menudo posible.

Crea tu sistema de vida

Muchas personas no se dan cuenta de que, en realidad, están muy poco relajadas. Si se pasa por alto la acumulación de tensión en las extremidades, articulaciones y músculos, y si no se logra descargar esa tensión física cuando comienza a afectar a la mente y al cuerpo, empieza a acumularse gradualmente en distintas zonas del organismo. Entonces se lleva la tensión a todas las partes y ésta afecta a todo lo que uno hace.

Tarde o temprano, la tensión oculta invade el cuerpo y acaba afectando al estado general, al rendimiento y al bienestar. Un cuerpo tenso es mucho menos eficiente y más nervios que uno relajado, y además las tensiones corporales producidas por el estrés desembocan en una amplia gama de trastornos y malestares, que van desde las migrañas hasta los dolores de espalda, musculares y articulares.

Puede ser difícil lograr la tranquilidad necesaria si uno se siente irritado o frustrado. Por tanto, no basta con practicar habitualmente una determinada técnica de relajación, sino que el objetivo principal ha de ser la creación de un sistema de vida en el cual, siempre que sea posible, se expresen los sentimientos sinceramente; en caso contrario, se reprimen, se empujan hacia dentro y se dirigen en contra de uno mismo. Si se exteriorizan, uno puede liberarse de ellos completamente y, al mismo tiempo, adquirir confianza al comunicarse con los demás.

Ventajas para el cuerpo y la mente

La relajación tiene dos ventajas inmediatas: la primera es que tan pronto se comienzan a practicar técnicas de relajación, uno se da cuenta de cuáles son las partes del cuerpo más propensas a la rigidez y al dolor. En segundo lugar, con las técnicas de relajación uno se siente mucho mejor casi de inmediato.

Empleando sólo cinco minutos en relajar los músculos de la cara, del cuello y de los hombros, se pueden evitar dolores de cabeza y es posible sentirse tranquilo y renovado. Además, 30 o 45 minutos de relajación profunda pueden reanimar la mente y el cuerpo en la misma medida que si hubiéramos dormido durante cuatro horas.

Cuando estamos verdaderamente relajados en nuestro organismo se producen cambios muy concretos y verificables que tienen su origen en el sistema nervioso autónomo: disminuye la frecuencia cardiaca, la presión sanguínea y el ritmo respiratorio, se ablandan los músculos y se activan los órganos, que trabajan con mayor eficacia.

La relajación consciente –a diferencia de la somnolencia que sentimos antes de quedarnos dormidos– consiste en aprender sistemáticamente a vaciar la mente y los músculos de tensiones y estímulos externos, a través de una serie de ejercicios.

UN MÉTODO PARA CADA NECESIDAD

En el momento de elegir el conjunto de métodos y ejercicios es cuando empiezan las dificultades, ya que muchos de ellos se superponen. Lo que debe orientar la elección no es tanto un síntoma o estado concreto, sino la propia personalidad.

A grandes rasgos, se podrían distinguir dos grupos entre las técnicas de relajación: unas se encaminan esencialmente hacia la relajación terapéutica, tanto de trastornos mentales como de enfermedades orgánicas o psicosomáticas. Es el caso del método de relajación progresiva de Jacobson y el de entrenamiento autógeno de Schultz. Un segundo grupo, ligado a la expresión corporal, se centra en la reeducación de nuestro cuerpo en movimiento.

TÉCNICAS DE RELAJACIÓN

La relajación es un fin –equilibrar las funciones del cuerpo y la mente y economizar la energía que producimos– al que se llega por diferentes medios. Los hay que inciden principalmente en el aspecto fisiológico de la persona, como la **relajación progresiva** de Jacobson.

Los caminos son múltiples y, a menudo, se complementan. Es el caso de la **musicoterapia** y el **yoga**, método de relajación natural que se ocupa de la mente, del espíritu y del cuerpo. Una de las claves para una perfecta realización yóguica es el control de la respiración.

La respiración rápida y entrecortada es un signo de desequilibrio propio del ajetreo en que vivimos. El sistema de **entrenamiento autógeno** de Schultz es quizás una de las técnicas más poderosas para tratar el estrés que se ha desarrollado en el mundo occidental.

Empezando por la sensación de pesadez y calor de los miembros podemos llegar hasta nuestro poderoso subconsciente. La ejercitación con el subconsciente permite deshacerse de la típica reacción de lucha y huida y adentrarnos en nosotros mismos hasta donde la mente se sienta cómoda y libre.

Con todas estas técnicas se llega a un estado de tranquilidad que nos permite la meditación.

3

AFORISMOS DE OCCIDENTE

Destellos de Sabiduría

LAS FRASES QUE INSPIRAN

A continuación sigue una selección de proverbios, aforismos, consejos, relatos y textos en general, que hemos seleccionado de entre las diversas tradiciones filosófico-religiosas, a modo de pistas en el camino de la meditación. Cuando no se menciona el autor se trata de textos anónimos o de autor desconocido. Son pequeños destellos que muestran un poco las posibilidades de adentrarse en la Sabiduría más profunda.

Recordemos la dificultad de poner en palabras «Lo que no se puede poner en palabras». Es una pretensión exagerada el condensar en unas pocas páginas varios milenios de meditación. Ojalá se nos disculpe tamaño atrevimiento, cuya intención no es otra que sugerir a cada lector, a cada persona, a cada ser humano, la posibilidad de unificarse consigo mismo, con los demás, con el universo entero y con lo que le trasciende. En esta unidad se puede percibir y experimentar la Realidad que nos envuelve. Pero para ello, como afirma Patanjali, se trata ante todo de detener la actividad, el discurso dual de la mente.

Unos sagrados y otros no, ofrecemos los textos a modo de reflexiones. Unas reflexiones que permiten intuir y adivinar el objetivo. Se dice de alguno de los textos que «podría cortar como un cuchillo». Otros son francamente balsámicos y reconfortantes para el corazón. En todo caso esperamos que os resulten suficientemente inspiradores en vuestro propio camino.

Comenzamos en Occidente, para partir hacia un pequeño viaje a la India, China, Japón y la mística sufí, esencia y corazón del Islam. Son unas muestras de la profunda sabiduría oriental. Hemos dejado para una próxima entrega las tradiciones de judíos y cristianos, el universo de los chamanes y las esencias del África profunda y de los indios nativos de América y Oceanía.

Farol
no solamente la belleza
sino la bondad
no solamente la bondad
sino la verdad
no solamente la verdad
sino que... ya se ha apagado.
JOAN BROSSA

No hay que irritarse contra las cosas,
pues a ellas les tiene sin cuidado.
EURÍPIDES

La más necesaria de todas las ciencias
es olvidar el mal que una vez se aprendió.
ARISTÓTELES

Se siente un aire nuevo,
es una delicia vivir.
ULRICH VAN HUTTON

La mosca que a la miel se arrima impide su vuelo;
y el alma que quiere estar asida al sabor del espíritu
impide su libertad y contemplación.

Niega tus deseos y hallarás lo que desea tu corazón.

El propósito de llegar a lo divino
puede resumirse en una sola palabra: AMOR.
Fija esta palabra en tu corazón
para que jamás se vaya, pase lo que pase.
Y si algún pensamiento te mueve a preguntarte
qué es lo que quieres,
responde con esta única palabra.

La rosa florece sin preguntar; florece porque debe florecer.
No piensa en sí misma, no pregunta si la miramos.
ANGELUS SILESIUS

Si tienes cuidado de lo interno,
lo interno tendrá cuidado de lo externo.

¿Piensas como yo?
Eres amigo.
¿No piensas como yo?
Eres doblemente amigo...
porque juntos podremos encontrar mejor la verdad.

Vence quien se vence.

Existe un trabajo
reservado a cada ser humano
que sólo él solo
puede hacer.
GUILLERMO RODRÍGUEZ

La salida para escapar de las dificultades
está llena de dificultades.

Problemas que en apariencia son muy difíciles
pueden tener soluciones sencillas e inesperadas.
MARTIN GARDNER

Dominar a los demás es una fácil ilusión.
Dominarse a sí mismo es una dura realidad.

El trabajo que aumenta las necesidades es vano.
El que las disminuye es sagrado.
El mundo practica el primero.
Los sabios ayudan al segundo.

Lo propio de la verdad es que se basta a sí misma.
Aquel que la posee
no intenta convencer a nadie.

El que está en el error
intenta imponerlo a los demás.
El que posee la verdad
se esfuerza en aplicarla a sí mismo.
Es la señal que no engaña.
Aquello que parece locura,
lo que parece un sueño,
lo que parece increíble:
he aquí lo que el sabio estudia con amor.

LOUIS CATTIAUX

Miro en mi interior
para encontrar mis tesoros.
LOUISE L. HAY

La memoria de la pasada beatitud es la angustia de hoy;
las agonías que son se originan en los éxtasis
que pudieron haber sido.
EDGARD ALLAN POE

La paz hace la riqueza;
la riqueza, la soberbia;
la soberbia, la guerra;
la guerra, la miseria;
miseria, la humildad;
y ésta hace de nuevo la paz.

El alma, temblorosa, se inclinó más y más,
mientras penetraba en ella la celeste claridad;
y entonces sintió lo que nunca antes había sentido:
el peso de su orgullo, de su dureza y de su pecado.
HANS CHRISTIAN ANDERSEN

Toda razón tiene su límite en el sufrimiento.
HANS KÜNG

El miedo se aprende.
Todo miedo es un impedimento para que el amor surja.
Y el miedo no es algo innato, sino aprendido.

Liberarte del odio
es lo mismo que liberarte de tu miedo,
pues el miedo es lo que produce el odio.

Cuando comprendes todo, perdonas todo;
y sólo existe el perdón cuando te das cuenta
que en realidad no tienes nada que perdonar.

Sólo si amas serás feliz.
Y sólo amarás si eres feliz.

El amor va siempre unido
a la verdad y a la libertad,
y por eso nunca es débil.

Cuando amas de verdad, ese amor despierta amor alrededor.
«Yo soy»;
y el ser no cabe en ninguna imagen
porque las trasciende todas.

ANTHONY DE MELLO

Hay un tiempo para todo, sí.
Una época para derrumbarse. Otra época para construir, sí.
Una hora para guardar silencio y otra para hablar.
Sí, todo, pero falta Algo más.
¿Qué más?
RAY BRADBURY

Rápidamente cogió con las dos manos
agua de las aguas de la Vida
y corrió hacia la puerta.
Detrás estaba la oscuridad.
MICHAEL ENDE

Nuestra luz no se apagará.
JOHN LENNON

Las llaves de salida de tu prisión
están escondidas entre la coraza de tu propio carácter.
WILHELM REICH

Podemos experimentar nuestro ser en la naturaleza
y en nosotros mismos
el ser de la naturaleza.
KARL UNGER

La desmesura al madurar
grana en la espiga del error.
Y la cosecha que se recoge
sólo son lágrimas.
ESQUILO

Todos buscamos la cima de la montaña sagrada,
pero, ¿no sería más corto nuestro camino
si consideramos el pasado como un mapa
y no como una guía?

Los defectos, como las pajas,
flotan en la superficie.
El que quiera encontrar perlas
debe sumergirse.
JOHN DRYDEN

Cuando un estúpido hace algo que le avergüenza
siempre dice que cumple con su deber.
GEORGE BERNARD SHAW

Si nos hemos provisto contra el frío, el hambre y la sed,
el resto es vanidad y exceso.
SÉNECA

Es necesario que algo se calle
para que algo se oiga.

Colocar el dedo sobre el origen del odio
cura incluso a un criminal.
ELISABETH KÜBLER-ROSS

Lo cuantitativo y lo cualitativo
son inversamente proporcionales.

La utopía reemplaza a dios por el futuro.
ALBERT CAMUS

Todo el mundo se queja de su memoria,
pero nadie de su inteligencia.
LA ROCHEFOUCALD

El malhumor es el resultado de la falta de puntería.

El deseo supone la muerte.
JACQUES LACAN

Nunca grites al hablar con alguien,
a menos que la casa esté ardiendo.
H. W. THOMPSON

Todo es conforme y según.
MANUEL MACHADO

No siempre es fácil trazar la linde
que separa la coherencia de la autojustificación.

Decir que alguien es fuerte y atrevido
implica que también es débil y cobarde.
Lo que cuenta es el modo de conciliar los antagonismos de cada uno.

La amistad es una planta
que debe resistir las sequías.
JOUBERT

No te des prisa por adquirir nuevos amigos,
ni menos en dejar a los que tengas.
SOLÓN DE ATENAS

El miedo es lo que condiciona la vida.
SHIRLEY MCLAINE

Si no esperas, no hallarás lo inesperado.
HERÁCLITO

La meta es el origen.
KARL KRAUS

Para liberarse, conviene ante todo liberar a los otros.
PROVERBIO DANÉS

Liberar a la humanidad significa
amenazar a los hombres
a comunicarse entre ellos.
KARL JASPERS

Siempre jugando.
PINTADA EN UNA PARED, CERCA DEL MAR MEDITERRÁNEO

Mantén la unidad de tu voluntad:
no escuches con las orejas, sino con la mente;
o mejor, no escuches con la mente, sino con el espíritu.

Es necesario que algo se calle
para que algo se oiga.

Cuando lo justo y lo falso libran una batalla,
el espíritu está enfermo.

El ser humano lleva el sistema de la vida
que lleva el sistema del mundo.
EDGAR MORIN

Puesto que el mundo no va a ninguna parte,
no hay prisa.
ALAN WATTS

La felicidad es un plato de patatas fritas.
SNOOPY

La felicidad es como el vidrio:
se rompe pronto.
PROVERBIO FLAMENCO

Los obstáculos en el camino del débil
se vuelven peldaños en el camino del fuerte.

Viajamos por todo el mundo para encontrar la belleza;
pero si no la llevamos dentro no aparecerá.
RALPH WALDO EMERSON

Si no sabes a dónde vas, terminarás en otra parte.

No recuerda lo dulce
quien no ha probado lo amargo.
AFORISMO MEDIEVAL

Las rosas nacen entre espinas.
AMIANO MARCELINO

Ser hombre es de por sí es una circunstancia atenuante.
Serenidad,
para aceptar las cosas que no podemos cambiar.
Valor,
para cambiar las cosas que sí podemos cambiar.
Sabiduría,
para distinguir la diferencia.

Todos los hombres sueñan con la libertad,
pero están enamorados de sus cadenas.
KHALIL GIBRÁN

Hasta que los ruidos cesen,
peinaré las ilusiones para ordenar los deseos...
J.J. CAMBRES

La palabra que tu digas, ésa será la que oirás.
PROVERBIO GRIEGO

El sentimiento de miedo y el sentimiento de culpa
deben servir para ayudarnos a sobrevivir y no para destruirnos.
COSTA-GAVRAS

El hombre sabio es el que hace hoy
lo que los tontos harán tres días más tarde.

El hombre verdaderamente sabio es aquel
a quien la naturaleza ha enseñado con sus lecciones.
PÍNDARO

Algunas personas, después de haber encontrado lo bueno,
buscan todavía más y dan con lo malo.

Confianza en uno mismo es la base de la vida;
si la pierdes, se te pierde la vida.

En mi pared cuelga la máscara de un demonio japonés, en negro y oro.
Por sus arrugas en la frente veo lo difícil que es ser malo.
BERTHOLD BRECHT

Groucho: «Vamos, Ravelli, ande un poco más rápido».
Chico: «¿Y para qué tanta prisa, jefe? No vamos a ninguna parte».
Groucho: «En ese caso, corramos y acabemos de una vez con esto».
LOS HERMANOS MARX

Depositario, propietario en custodia
de lo que hay dentro de mi piel.

Vengo de no sé dónde.
Soy no sé quién.
Muero no sé cuándo.
Voy a no sé dónde.
Me asombro de estar tan alegre.
MARTINUS VON BIBERACH

No existe mayor aventura que la de aventurarse en el otro.
El resto es turismo.

Nuestros abuelos creían que el espíritu lucha por librarse de la carne.
Y hoy, ¿acaso no lucha nuestra carne para librarse
de las ataduras del espíritu?
CHARLES BROOKS

Me recuesto en la orilla.
Sin darme cuenta trazo sobre la arena húmeda
signos que no conozco; viene el agua y los borra.
Cruza una barca sola,
con músicas y risas.
Absorto ante las aguas,
olvido mis preguntas.
Yo soy árbol, montaña;
yo soy río, y olvido.
JOSÉ CORREDOR-MATHEOS: *Carta a Li-Po*

Es preferible vivir que definir; mostrar que demostrar.
SÓCRATES

El que dice todo lo que piensa, piensa muy poco lo que dice.
MARIANO AGUILÓ

El alma humana está llena de rendijas;
sin ellas, nos ahogaríamos en nosotros mismos.
C.T. DREYER

En la eternidad, todo está empezando, fragante mañana.
ELÍAS CANETTI

Renunciando a mí mismo, el universo se convierte en mí.
S. E. ARNOLD

La última ilusión
es creer que se han perdido todas.
MAURICE CHAPELAN

El futuro del futuro
reside en el presente.

La verdadera desesperanza no nace ante una obstinada adversidad,
ni en el agotamiento de una lucha desigual.
Proviene de que no se perciben más las razones para luchar
e incluso de que no se sepa si hay que luchar.
ALBERT CAMUS

Quien lo tiene todo ordenado,
es un perezoso para buscar.

De la misma manera que las tinieblas de la noche
permiten ver los astros del cielo,
así también los sufrimientos
permiten entrever el sentido de la vida.
HENRY D. THOREAU

Hay que hacer de la vida un sueño,
y de ese sueño, una realidad.
ANTOINE DE SAINT-EXUPERY

No cesaremos de explorar,
y al final de nuestra exploración
llegaremos a donde comenzamos.
Y conoceremos el lugar por primera vez.
T.S. ELIOT

Tú puedes ser lo que deseas.
Sólo existe un obstáculo:
tú mismo.

No seas otro si puedes ser tú mismo.
PARACELSO

El esquizofrénico y el místico se encuentran en el mismo mar.
Pero el místico sabe nadar, y el esquizofrénico se ahoga.
R.D. LAING

Mientras un ser crece, no envejece.
VITUS B. DRÖSCHER

Lo que mata no es aprender,
sino permanecer insensible a lo que se aprende.
ELIE FAURE

El especialista es alguien que jamás comete errores
mientras camina hacia la gran mentira.
MARSHALL MCLUHAN

Arriesgar la vida, ésa es la cuestión.
TERESA DE ÁVILA

Bueno: El que aparta los gorriones del campo de su vecino.
Sabio: El que aleja los gorriones de ambos campos.
Estúpido: «¿Gorriones? ¿Qué gorriones?».

O no lo intentes nunca, u olvídalo.
OVIDIO

El universo es un jardín. ¡Florece!

De la magia,
rescatemos lo profundo.
WITTGENSTEIN

*Cuando lleguemos al final de todo lo que debemos conocer
estaremos al principio de todo lo que debemos sentir.*

Una discusión nunca puede ser el camino más corto entre dos espíritus.

*En realidad nosotros hablamos para nosotros mismos,
pero a veces alzamos la voz para que los otros puedan oírnos.*

*No hay nada que los hombres amen más que la vida
y, sin embargo, ¡cómo la desperdician!*

*Nunca podremos afirmar si eso que llamamos verdad
es verdad o si sólo lo parece.*
KEIST

No hay cabello tan fino que no tenga su propia sombra.
PROVERBIO ESCOCÉS

*La convicción total de mi vida
se basa ahora en la creencia de que la soledad,
lejos de ser un fenómeno extraordinario y curioso,
es el hecho central inevitable de la existencia humana.*
TOM WOLFE

Sentirse molestado es un problema
del que se siente molestado.
No te sientas molestado nunca
y será como si nadie, nunca, te molestara.

¡Qué inmensa desgarradura la de mi vida en el todo,
para estar con todo yo en cada cosa,
para no dejar de estar con todo yo en cada cosa!
JUAN RAMÓN JIMÉNEZ

Sócrates predijo con calma su propia e injusta muerte.
No temía la cicuta, sólo una cosa temía de veras:
ser injusto con los demás.

La vida es como los espejos. Sonríeles y te sonreirán.
Ponles mala cara y te resultarán siniestros.
MERRELL

Afortunados los hombres que poseen principios,
pueden decir estupideces con solemnidad.
GOURMONT

La verdad es a menudo demasiado sencilla para ser creída.
F. LEWALD

Uno de los principios más profundos del carácter humano
es el anhelo de ser apreciado.

La única manera de responder a la crítica y a la calumnia
es callar y dejar que nuestros actos hablen.

El orgullo es un desequilibrio que puede conducir a la locura.

Existen dos maneras de sentirse desilusionado:
conseguir lo que se quiere y no conseguirlo.
WILLIAM GERHARDI

Las personas son siempre niños,
aunque a veces asombren por su crueldad.
Siempre necesitan educación, tutela y amor.
MÁXIMO GORKI

Quien sabe de dolor, todo lo sabe.
DANTE ALIGHIERI

El ignorante busca la felicidad;
el sabio la vive y la comparte con los demás.

No hay nada más silencioso que un cañón cargado.
HEINRICH HEINE

Todas las generalizaciones son peligrosas, incluso ésta.
ALEJANDRO DUMAS

Dos excesos. Excluir la razón y no admitir más que la razón.
PASCAL

Cuando más virtuoso es el hombre,
menos acusa de vicios a los demás.
CICERÓN

Cuando el hombre no se encuentra a sí mismo,
no encuentra nada.

Piensa como piensan los sabios.
Pero habla como habla la gente sencilla.
ARISTÓTELES

El silencio es el sol que madura los frutos del alma.
MAETERLINK

Debes enterarte bien de los hechos,
antes de tergiversarlos.
MARK TWAIN

No eres lo que piensas que eres,
pero lo que piensas eres.

Quien vive para los demás tendrá grandes dificultades,
pero a él le parecerán pequeñas.
Quien vive para sí mismo tendrá grandes dificultades,
pero a él le parecerán grandes.
DEAN INGE

En este preciso aliento que ahora tomamos
yace el secreto que todos los grandes maestros
tratan de transmitirnos.
PETER MATTHIESEN

Lo único que no tienes
es la experiencia directa
de que nada de lo que necesitas te falta.

Hoy soy rico; no tengo memoria.
JAUME SISA

El hombre lleva el sistema de la vida
que lleva el sistema del mundo.
EDGAR MORIN

El respeto, el conocimiento, y el dominio de sí mismo,
sólo estos tres conducen a la vida
hasta la fuerza suprema.
TENNYSON

La libertad entraña riesgos.
El único riesgo de la esclavitud
es liberarse.
G. BELLIN

El horizonte que no quita nada;
la transparencia, dios, la transparencia.
JUAN RAMÓN JIMÉNEZ

El que agrada a todos
no agrada a nadie.
ESOPO

Un salto a medias te lleva a la zanja.
PROVERBIO IRLANDÉS

Por fin he podido conocer al enemigo:
era yo mismo.
WALT KELLY

Sólo hay un hombre que no comete ningún error.
Es el hombre que no hace nada.

Es casi tan importante saber que no es serio
como saber que es serio.

Todos los pecados nacen de jugar para ganar.
MUKESH SHULKA

Todo es bueno, todo.
El hombre es desdichado
porque no sabe que sea dichoso.
Sólo por esto.
¡Y esto es todo, todo!
FEDOR DOSTOIEVSKI

Pasamos por la vida sin saber lo que queremos,
pero sabiendo muy bien que no es esto.

Deja al mundo ser lo que es
y toma tu refugio en la Verdad, la Paz y la Belleza,
en las que no hay ninguna duda.
F. SCHUON

La Sombra es lo que uno no quiere ser.
KARL G. JUNG

Pasamos los primeros veinte años de nuestra vida
decidiendo qué partes de nosotros mismos
debemos meter en el saco
y ocupamos el resto tratando de vaciarlo.
ROBERT BLY

Es la coraza corporal
la causa radical de la maldad humana.
J. C. PIERRAKOS

Vive la tarde. No puedes llevártela contigo.
ANNIE DILLARD

No lo olvides nunca: el espíritu es un rey dentro de ti.
Tú eres espíritu; por ello, compórtate como un rey.
YESUDIAN

4

La India y el yoga

LA INDIA Y EL YOGA

Entre los diversos senderos que para los hindúes conducen el alma a la liberación se encuentra el yoga, que incluye un amplio número de disciplinas físicas y mentales utilizadas por los ascetas y otras personas para medio para la contemplación espiritual. El yoga es un compendio de conocimientos cuyos orígenes históricos no pueden situarse con precisión, existiendo dos hipótesis acerca del tema.

La primera indica que este conjunto de prácticas aparece mencionado de forma rudimentaria en los Vedas, los más antiguos textos de la humanidad, y este hecho sugeriría que el yoga habría recibido sus primeros esbozos en poblaciones indoeuropeas.

La segunda de las explicaciones acerca de su orígenes postula que las poblaciones prearias de la actual India desempeñaron un papel importante en la historia del yoga, por lo que éste sería anterior a los Vedas. Ciertas excavaciones arqueológicas en la cuenca del Indo han descubierto numerosas estatuillas en posturas de yoga que datan de una época muy anterior a la población del valle del Indo por los arios.

Más allá de sus orígenes y antigüedad, en el transcurso de los últimos siglos, y del presente en lo que concierne a Occidente, diversos maestros o «gurús» han creado sistemas que profundizar en el sendero de conduce a la liberación del alma, mediante la unión entre conciencia colectiva y conciencia cósmica, entre materia y espíritu.

Según el maestro más grande, Patanjali (h. 300 a. de C), «el yoga es el control de las ideas de la mente». Existen diversos tipos de yoga («unión», en sánscrito): además del *hatha yoga* físico, cuyas asanas mantienen el cuerpo en forma, existe por ejemplo el *raja yoga*, destinado precisamente a incidir en la excitación que producen los procesos mentales.

La tradición hindú menciona un complejo sistema de divinidades y un no menos complejo y original sistema espiritual que parte del cuerpo (hatha yoga) para realizar el ser supremo en sí. Para el yoga, por ejemplo, existen trece sentidos o instrumentos del cuerpo, diez «puertas»: cinco facultades intelectuales y cinco facultades de acción, y tres centinelas: la noción del «yo», el intelecto y el *manas* o facultad cervical.

Hay cuatro disposiciones básicas inherentes al intelecto: rectitud, conocimiento, desprendimiento, poder, opuestas a las disposiciones contrarias (el mal, la ignorancia, el apego y la impotencia), y su manifestación será oscura o luminosa según las tendencias o cualidades *gunas* (*sattvas* o, «pureza», rajas o «actividad», y *tamas* o «pesadez, obstrucción»).

EL CAMINO DE LA LIBERACIÓN

El yoga distingue ocho partes esenciales, que se relacionan entre sí y que conducen a la liberación, según Patanjali (*Sutras* o *Aforismos sobre el Yoga*):

1. Refrenamientos *(yama)*;
2. Observancias *(niyama)*;
3. Posturas *(asana)*;
4. Control de la energía vital *(pranayama)*;
5. Contracción de los sentidos *(pratyarara)*;
6. Concentración mental *(dharana)*;
7. Meditación profunda *(dhyana)*;
8. Recogimiento perfecto *(samadhi)*.

Cada una de estas ocho partes tiene a su vez un amplio campo para practicar, desde la práctica de los mantras como forma de aquietar la mente (el rezo del rosario, en Occidente, tiene algo que ver con ello, si bien los primigenios sonidos mántricos son sagrados en sí mismos).

El yoga llegó a Occidente hace ahora algo más de cien años. Hoy cualquiera puede comprobar sus ventajas.

«La verdadera religión no consiste en prácticas rituales, baños y peregrinaciones, sino en amar a todos. El amor cósmico lo abarca todo. En su presencia se desvanecen las distinciones y diferencias, así como el odio, los celos y el egoísmo, de la misma forma que la oscuridad desaparece con los rayos del sol de la mañana. No hay religión más grande que el amor. No hay conocimiento más elevado que el amor.»

SIVANANDA

¿QUIÉN SOY YO?

«El cuerpo burdo, que se compone de los siete humores, eso no soy. Los cinco órganos sensoriales cognoscitivos, vista, oído, olfato, gusto y tacto, eso no soy.

»Los cinco órganos sensoriales conativos, habla, locomoción, asimiento, excreción y procreación, eso no soy.

»La mente que piensa, eso no soy.

»Si nada de eso soy, entonces, ¿quién soy?

»Tras haber negado todo lo mencionado, diciendo, «eso no «, esa Conciencia que es lo único que permanece, ese soy.»

RAMANA MAHARSHI

SIVANANDA

«La meditación es el único camino real para el logro de la libertad. Es una escalera misteriosa que lleva de la tierra al cielo, del error a la verdad, de la oscuridad a la luz, del dolor a la dicha, del desasosiego a la paz duradera, de la ignorancia al conocimiento. De la mortalidad a la inmortalidad. Sin la ayuda de la meditación no es posible llegar al conocimiento del Ser. Ni liberarse de las trampas de la mente.»

No esperes nada y nunca te sentirás defraudado.

El dinero puede darte medicinas, pero no salud.
El dinero puede darte cómodas camas, pero no descanso.
El dinero puede darte comodidades, pero no dicha eterna.
El dinero puede darte adornos, pero no belleza.
Alcanza la riqueza suprema de la sabiduría; lo tendrás todo.

El hombre siembra un pensamiento y recoge una acción.
Siembra una acción y recoge un hábito.
Siembra un hábito y recoge un carácter.
Siembra un carácter y recoge un destino.

Practica. Practica el Yoga. Y no olvides que un gramo de práctica es mucho más que una tonelada de teoría.

Harina y sal

Había una vez un tonto a quien se le encargó comprar harina y sal. Llevó un plato para cargar sus compras. «Cerciórate –dijo el hombre que lo enviaba– de no mezclar ambas cosas. Las quiero separadas.»

Cuando el tendero había llenado el plato con harina y estaba midiendo la sal, el tonto dijo: «No la mezcles con la harina. Mira, te enseñaré donde ponerla». Y dio la vuelta al plato, mostrándole la superficie del dorso donde podía poner la sal. La harina, por supuesto, cayó al suelo. Pero la sal estaba segura.

Cuando el tonto regresó dijo al hombre que lo había mandado: «Aquí está la sal».

«Muy bien –dijo el otro hombre–, pero ¿dónde está la harina?»

«Tendría que estar aquí», dijo el tonto, dando la vuelta al plato. Tan pronto lo hizo la sal cayó al suelo, y la harina, por supuesto, no estaba allí.

Así sucede con los seres humanos. Al hacer una cosa que les parece bien hecha pueden anular otra igualmente correcta.

Pero cuando eso sucede con los pensamientos en vez de las acciones, el hombre está perdido y ya no importa que, basado en sus reflexiones, considere que su pensamiento ha sido lógico.

Podemos reír con el chiste del tonto. Pero, ¿podemos considerar los propios pensamientos como si fueran la sal y la harina?

KARMA

El que planta y el que riega son iguales.

La causa no conoce el efecto; se transforma en él.
El efecto nunca conoce su causa; es ella.

¿Dónde estoy?
«Aquí.»
¿Qué hora es?
«Ahora.»

Quien repita sin cesar: «Soy avasallado»,
acabará por serlo algún día
RAMAKRISHNA

Si el mal se ensaña contra ti,
cambia de domicilio.

LA IGNORANCIA

«Lo real no muere y lo irreal no puede ser eterno. Así pues, dolerse de la muerte de lo perecedero es una señal de ignorancia.
»La miseria no está en las circunstancias externas, es inherente a la mente ignorante.»

«Todos los sucesos de nuestra vida ocurren de hecho, pero el verlos como causa de felicidad o desgracia depende enteramente de la actitud de la mente.»

«La ignorancia total consiste en creer que las meras formas externas son reales, sin sondear a través y más allá de ellas hasta llegar a la Realidad, en la que todo descansa y subsiste.»

«El hombre es desgraciado porque busca la paz y el gozo en las condiciones y objetos externos, que por su propia naturaleza son incapaces de proporcionar el estado perfecto que el corazón del hombre ansía.»

«El bien y el mal, el pecado y la virtud, son términos relativos, creados por la mente, y por lo tanto debidos a la actitud individualista de la ignorancia.»

«Cuando miramos a través del cristal coloreado de la ignorancia,
vemos el bien y el mal y en consecuencia quedamos sujetos
a la alegría y el dolor.»

«La mente es ilusión y la causa de toda dualidad. Esta mente es la que
denomina las acciones como buenas o malas, las situaciones como
agradables y desagradables, y luego experimenta las emociones como
placenteras y dolorosas.»

«Cuando uno no ve nada más, no oye nada más, no entiende nada más,
eso es el Infinito.
»Cuando uno ve algo más, oye algo más, entiende algo más,
eso es el finito.
»El infinito es inmortal, el finito mortal. No hay dicha en nada finito.
Sólo el Infinito es dicha.
Uno debería desear entender el Infinito.»
CHANDOGYA UPANISHAD

Cuando las olas se han aquietado
y el agua está en calma:
entonces se refleja la luz
y se puede vislumbrar el fondo.
SW. VIVEKANANDA

RAMANA MAHARSHI

Bhagavan Ramana Maharshi (India, 1879-1950) llegó solo a la iluminación, sin la ayuda de ningún gurú físico. Fue uno de los grandes místicos contemporáneos del hinduismo. Su obra se relaciona con el *gnana-yoga* y el trabajo sobre la conciencia de la no-dualidad.

Bhagavan no instruía a sus devotos a pensar los problemas, sino a disolver los pensamientos, a liberar la mente de preocupaciones irrelevantes, a ensanchar la individualidad hasta el Infinito. Esa enseñanza, a menudo, consistía en una mera irradiación desde el silencio. Todos cuantos le conocieron coinciden en ello: su sola presencia llenaba a sus visitantes de energía.

Sobre la meditación

No tenemos que renunciar a una vida de acción. Si meditas durante una hora o dos cada día, puedes continuar cumpliendo con tus obligaciones. Si meditas de forma correcta, la corriente mental continuará fluyendo incluso cuando te halles por completo absorto en el trabajo.

Es como si existiera un medio para expresar un mismo pensamiento de dos formas diferentes; la misma línea que adoptes en tus meditaciones será expresada en tus actividades.

—¿Y qué resultará de todo esto?

Comprobarás que tu actitud hacia las personas, los objetos y los acontecimientos irá cambiando gradualmente. Tus acciones tenderán a seguir el curso de tus meditaciones. Un hombre debe renunciar al egoísmo personal que le liga al mundo. Renunciar al falso Yo es la auténtica renunciación.

—¿Y cómo es posible renunciar al egoísmo cuando llevamos una vida condicionada por las actividades mundanas?

No existe conflicto entre el trabajo y la sabiduría.

—¿Quiere esto decir que podemos continuar las viejas actividades, nuestra profesión, por ejemplo, y, al mismo tiempo, llegar a la Iluminación?

¿Por qué no? Pero en este caso no diremos que es la vieja personalidad la que realiza la obra, el trabajo, porque nuestra conciencia se irá transformando gradualmente hasta que penetre en Aquello que está más allá del pequeño yo.

La enfermedad nunca se cura
pronunciando el nombre de la medicina
y sin tomarla;
la Liberación no se logra sólo alabando a Dios;
hay que encontrarlo.

Llegará un día en que usted se reirá de sus pasados esfuerzos.
Y ése que se reirá está aquí y ahora.

LA REALIZACIÓN DEL SER

He aquí algunas respuestas de Ramana Maharshi.

–¿Cuándo se alcanzará la realización del Ser?

–Cuando el mundo que es «lo-que-se-ve» haya sido depuesto, entonces se dará la realización del Ser que es el mismo que ve.

–¿No habrá realización del Ser incluso mientras el mundo esté ahí (y se lo tome como real)?

–No la habrá.

–¿Por qué?

–El que ve y el objeto que ve son como la fábula de la cuerda que parece una serpiente. Así como el conocimiento de la cuerda que es el sustrato no se producirá mientras no desaparezca el falso conocimiento de la serpiente ilusoria, tampoco se obtendrá la realización del Ser que es el sustrato mientras no se elimine la creencia en que el mundo es real.

–¿Cuándo será eliminado el mundo que es el objeto que se ve?

–Cuando la mente, que es la causa de todas las cogniciones y de todas las acciones, se aquiete, el mundo desaparecerá.

–¿Cómo ha de aquietarse la mente?

–Mediante la indagación de «¿Quién soy?» (ver pág. 104). El pensamiento «¿Quién soy» destruirá todos los otros pensamientos y, tal como el palo que se usa para atizar una pira ardiendo, finalmente terminará por destruirse. Entonces surgirá la Realización del Ser.

–¿Cuál es el medio de tener constantemente el pensamiento «¿Quién soy?»?

–Cuando surgen otros pensamientos, no se ha de ir en pos de ellos, sino que debe uno preguntarse: «¿A quién se le ocurrieron?». No importa cuántos pensamientos surjan; a medida que aparecen, uno ha de preguntarse con diligencia: «¿A quién se le ha ocurrido este pensamiento?». La respuesta que aparecerá será: «A mí». Si a continuación uno pregunta «¿Quién soy?», la mente regresará a su fuente, y el pensamiento que había surgido se aquictará. Con la repetición, así, de esta práctica, la mente ha de permanecer en su fuente.

Cuando se desconoce la Verdad Suprema
el estudio de la sabiduría es estéril.
Mas cuando se realiza la Verdad Suprema,
el estudio de la sabiduría ya es inútil.

Un hombre suplicó al Maestro que le perdonase sus pecados. Éste le dijo que bastaba con que procurase que su mente no lo inquietara.

EL SILENCIO

El silencio es la forma de enseñanza más poderosa que puede transmitir el Maestro al discípulo.

No existen palabras para expresar las cosas más importantes, las verdades más profundas. Meditar es permanecer «como el Yo de uno mismo» sin desviarse de ningún modo de nuestra naturaleza real y sin sentir que se está meditando.

Para descubrir la inmensidad
de las profundidades divinas
se impone el silencio.
ARJUNA Y KRISHNA EN EL *Bhagavad Gita*

TAGORE

En la música y no en el ruido
se revela el ser humano.

«Mar, ¿qué estás hablando?»
«Una pregunta eterna.»
«Tú, cielo, ¿qué respondes?»
«El eterno silencio.»

Para quien lo sabe amar,
el mundo se quita su careta de infinito.
Se hace tan pequeño como una canción,
como un beso de lo eterno.

Cual si fueran anhelos de la tierra,
los árboles se ponen de puntillas
para asomarse al cielo.

«No temáis nunca al instante»,
dice la voz de lo eterno.

Leemos mal el mundo,
y luego decimos que nos engaña.

La yerba busca su muchedumbre en la tierra.
El árbol, su soledad en el cielo.

¡Cuánta barricada levanta el hombre
contra sí mismo!

¿Qué llama invisible de oscuridad es ésta,
cuyas chispas son las estrellas?
Fruto, ¿estás muy lejos de mí?
Estoy en tu corazón, flor.

La gota de rocío dijo al lago:
«Tú eres la gota más grande bajo la hoja del loto;
yo la más pequeña, encima».

El amor es un misterio sin fin.
Nadie lo puede explicar.

Vivimos en el mundo cuando lo amamos.

No amamos porque no comprendemos;
o, más bien, no comprendemos porque no amamos.

Quien desea hacer el bien llama a la puerta;
quien ama la encuentra abierta.

Dios puede cansarse de grandes reinos
pero nunca de pequeñas flores.

El hacha del leñador le pidió al árbol el mango.
Y el árbol se lo dio.

No pido estar libre del temor,
sino tener el valor de enfrentarlo.
No pido el fin de mi sufrimiento,
sino corazón suficiente para dominarlo.

Que mis ojos no busquen aliados
en el campo de batalla de la vida,
sino que pueda yo buscar mis propias fuerzas.
El Voto de Bodhisattva de Tagore

5

China: el camino del Tao

EL CAMINO DEL TAO

El concepto de Tao, traducido generalmente como «camino», es fundamental en el taoísmo, una de las grandes tradiciones religiosas chinas. Las ideas taoístas cuestionan las categorizaciones simples, y en sus textos básicos se advierten desarrollos intelectuales de una enorme complejidad, que exploran los límites del lenguaje y el pensamiento. Durante siglos, las obras taoístas han sido leídas por las clases cultivadas de China. No obstante, nunca consiguieron por parte del estado imperial el respaldo que éste diera a las obras de Confucio. Estas obras fueron escritas en una época en que la vida china estaba siendo brutalmente compartimentalizada por gobernantes locales que luchaban por conquistar a sus oponentes. En las obras taoístas se realiza una elocuente defensa del individuo, que contempla el Tao más allá de la sociedad. Los temas son tratados mediante parábolas o punzantes aforismos, que constituyen el corazón del taoísmo filosófico.

CHINA, UN CAMINO PARA LA UNIDAD

«Si el cielo y la tierra duran siempre es porque no viven para sí mismos. Siguiendo este ejemplo, el Sabio avanza al retroceder; al descuidarse, se conserva. Como no busca su propio provecho, todo tiende a su provecho.»

Sin salir por la puerta se puede conocer
el mundo, todo el mundo;
sin mirar por la ventana,
es posible darse cuenta
de las vías del cielo,
o principios que rigen todas las cosas.
Cuanto más lejos se va, menos se aprende.

La sabiduría tradicional china se puede comprobar en los ejercicios de gimnasia y respiración relacionados con la energía (Tai chi, Chi kung) hasta sofisticadas prácticas sexuales para hacer el amor; todo ello está impregnado por la idea del *chi*, o energía. China alberga formas espirituales antiquísimas, pero en el siglo VI a. de C. aparece una obra de cinco ideogramas: *El Libro de la Vía y de su Virtud o Tao Te Ching*, que iba a dejar una profunda huella en la espiritualidad china y hoy se ha convertido en uno de los mayores clásicos de la literatura mundial. De su autor, Lao-Tsé, apenas se sabe nada más que leyendas. Sus contemporáneos Confucio y Chuang-Tzu, los otros grandes filósofos chinos, lo citan a menudo bajo el nombre de Lao-Tan en pequeñas fábulas en las que sus agudas réplicas son otros tantos consejos para despertar a la vida (a la *verdadera* vida).

EL TAO

Toda la obra se basa en el concepto de Tao, lo sin forma, lo sin nombre, la constante eterna, indiferenciada, que sería la energía fundamental que sostiene y mueve el universo: «El Tao no interviene, nunca actúa, pero todo lo hace». Inaccesible y desconocido, y a la vez tan próximo, el Tao es la esencia de Cielo y Tierra.

Yin (inspiración) y *Yang* (espiración), los aspectos femenino y masculino, nocturno y luminoso, húmedo y seco; todo empieza y termina con el Tao y todo está íntimamente unido al Tao. Esta idea expresa a la vez el aliento vital y el equilibrio que permite la existencia de la materia. Pero también la polaridad, la ley de los contrarios, la eterna dualidad, la irrealidad que tiñe la propia realidad y el desorden inherente a todo orden. Todo es paradoja, pero el Tao es la unidad del movimiento cósmico.

Como si fuera una especie de «religión de la espontaneidad», el taoísmo primitivo lucha con las apariencias engañosas, los artificios que adornan el ego e impiden descubrir el verdadero yo. Pero al tiempo que los rechaza, mostrando la vanidad de la mayoría de comportamientos humanos, la sabiduría taoísta acepta estos fenómenos que son del mundo, y por tanto de la realidad.

Preconiza el equilibrio en el comportamiento humano y social, la vía del justo medio que sabe seguir el curso natural de las cosas. Pues si no sigue este curso natural, tarde o temprano sobrevendrá el accidente, la ruptura. A un monarca que le preguntó cómo gobernar su reino, Chuang-Tzu le respondió que ante todo era necesario aprender a gobernarse a sí mismo, y que el resto fluiría por sí solo a continuación.

I CHING

El arte de vivir sólo consiste en proceder con sencillez.

Para el ser humano es señal de suprema sabiduría
lograr que sus actos sean tan obvios
como los de la naturaleza.

Cuando el camino llega a su fin, cambia;
cuando cambia, puedes atravesarlo.

LAO TSÉ

La gran revelación:
calma.

Bondad en las palabras crea confianza,
bondad en el pensamiento crea profundidad,
bondad en el dar crea amor.

CHUANG TZU

El sonido del agua dice lo que pienso.

Nadie está tan equivocado como aquél que conoce todas las respuestas.

Cuanto más firmemente insistimos en que los demás sean razonables,
es cuando nos volvemos nosotros mismos irrazonables.

La función de las orejas finaliza con la audición;
la de la mente, con símbolos o ideas.
Pero el espíritu es una vacuidad lista
para recibir todas las cosas.

El hombre perfecto emplea su mente como un espejo. Nada aferra y nada rechaza. Recibe pero no conserva. Y así puede triunfar sobre la materia sin causarse daño.

Sólo el hombre perfecto puede trascender los límites de lo humano sin retirarse, no obstante, del mundo; vivir de acuerdo a la humanidad y, sin embargo, no sufrir por ello.

CONFUCIO

Si sirves a la Naturaleza,
ella te servirá a ti.

Reconocer los defectos cuando son reprendidos es modestia;
hacer alarde de ellos, sin necesidad, es orgullo.

Las palabras hábiles confunden la virtud,
la falta de paciencia en lo pequeño altera los grandes planes.

Por muy lejos que el espíritu vaya,
nunca irá más lejos que el corazón.

Cuando veas a un hombre bueno, trata de imitarlo.
Cuando veas a uno malo, examínate a ti mismo.

Ser extravagante es presunción;
ser frugal es obstinación.
Es mejor ser obstinado que presuntuoso.

Las personas cultas buscan dentro de sí mismas;
las personas mezquinas, dentro de las demás.

Es mejor encender una humilde vela
que maldecir en la oscuridad.

Ahora que has roto la pared con la cabeza,
¿qué harás en la celda vecina?

HUANCHU DAOREN

El libro *Retorno a los orígenes*, escrito por Daoren a finales del siglo XVIII, es la expresión de toda una vida llena de experiencia y sabiduría. Las reflexiones sobre los secretos de la serenidad y la realización, en un mundo agitado y siempre cambiante (¡dos siglos atrás!), son el fruto de su formación en las enseñanzas políticas y éticas de Confucio, de una larga vida como funcionario y de su retiro del mundo, a los sesenta años, para dedicarse de lleno al aprendizaje del taoísmo.

«Para tener el espíritu tranquilo en situaciones de mucha actividad, es necesario que la mente y el espíritu se nutran de pura claridad durante los periodos de inactividad.»

PROVERBIOS CHINOS

Aquel que sabe que lo suficiente es suficiente,
tendrá siempre suficiente.

Disfruta hoy. Es más tarde de lo que crees.

Hasta una torre de cien mil pies reposa sobre la tierra.

Una herida puede ser curada con palabras.
También las palabras pueden cortar como un cuchillo.

Si grabas en tu mente la imagen del bambú,
oirás como los pensamientos se doblan más allá de lo posible.

Cuando se levanta el sol, voy a trabajar.
Cuando el sol se pone, descanso.
Tomo del manantial el agua que bebo;
cultivo la tierra que me da de comer;
comparto la creación.
Los reyes no podrían hacerlo mejor.

El hombre que no sabe sonreír, no debe abrir tienda.

En este mundo de ensueño,
cuando alguien cuenta lo que ha soñado,
el relato también es sólo un sueño.

Los maestros abren la puerta,
pero eres tú quien debe atravesarla.

No puedes evitar que los pájaros de la tristeza vuelen sobre tu cabeza,
pero puedes evitar que construyan nidos en tus cabellos.

Nada es bueno si no puede ser destruido.
Gota a gota se crean los lagos.

Para pulir el diamante hay que frotar;
para perfeccionar el hombre hay que padecer.

No esperes a tener sed para ponerte a cavar el pozo.

No te cuides de lo que es bueno o malo,
el conflicto entre lo bueno y lo malo
es la enfermedad de la mente.
SENG TS'AN

No pienses en el bien, no pienses en el mal;
mira tu propio y original aspecto,
el que ya tenías antes de nacer.
HUI-NENG

Cuando queramos saber la calidad de un hombre
hemos de fijarnos cuidadosamente qué parte de su persona
considera como la más importante.
MENCIO

Un buen viajero es aquel que no sabe a dónde va.
El viajero perfecto ni siquiera sabe de dónde viene.
LIN YUTANG

CANTO DEL MITAD Y MITAD

Hay muchas maneras de tomarse la vida. Este poema condensa varios milenios de civilización china. Sin duda no estarán de acuerdo con él los partidarios del ciento por ciento. Pero meditemos por lo menos su contenido por un momento. Siempre se aprende.

Lo mejor suele ser en este mundo
descubrir lo que está entre los extremos;
el mitad y mitad, fórmula mágica
te dará mil y mil satisfacciones.
En mitad de la vida es cuando el hombre
con más fuerza y mejor se siente.

Vastas esferas entre cielo y tierra.
La casa tenla entre la ciudad y el campo.
Tu granja entre los montes y riberas.
En una mitad sabio, en otra hidalgo,
vive a medias de esfuerzo y de reposo.
Sin aislarte, no des muchas confianzas.
Procura que en tu casa haya de todo,
sin nada de ostentoso ni que imponga.
Tus criados, ni muy tontos ni muy listos.

Bonita tu mujer, mas con mesura.
Te sentirás así mitad un Buda,
mitad un santo que en Tao se complace.
Con medio ser regresa al Padre Cielo;
la otra mitad entrégala a tus hijos;
piensa a medias en los que llamas tuyos
y a medias en que Dios nos pide cuentas.
Cuando te embriagues, hazlo siempre a medias;
la flor abierta a medias es más bella;
con medias velas bogan bien las naves
y a medias riendas trotan los caballos.

Quien pasa la mitad añade angustias,
quien la mitad no tiene siente celos.
Si todo en nuestra vida es agridulce,
tomarlo todo a medias es lo justo.
LI MI-AN

6

CÓMO ACABAR CON EL SUFRIMIENTO

Buda

B U D A

Partiendo de la experiencia universal del cambio y el sufrimiento durante el ciclo vital, el legado de sabiduría dejado por Buda enseña que el sufrimiento puede ser doblegado siguiendo un camino hacia el nirvana. Éste es el estado inalterable conseguido por los seres iluminados. Los budistas entienden que constituye la auténtica naturaleza de la realidad.

El concepto de nirvana, que es imposible captar mediante definiciones verbales, sólo es accesible mediante analogías. El nirvana es el estado definitivo del ser puro. El budismo no concibe la idea de un dios creador ni acepta un culto hacia él. El camino hacia el nirvana conlleva el desarrollo de la moralidad, la meditación y la sabiduría. Éstos rasgos definen la auténtica esencia del budismo.

¿POR QUÉ COSA ABANDONARÍA USTED TODAS SUS RIQUEZAS MATERIALES?

La leyenda nos cuenta que en el siglo VI a. de C. (o mucho antes), Sakyamuni (o Buda), un sabio nacido en un clan aristocrático, dejó su vida indolente a los veintinueve años tras recibir la revelación del sufrimiento del mundo: había tomado conciencia de que la tristeza, las enfermedades, la vejez o la muerte son el destino común de la humanidad. Abandonó su palacio y cambió sus vestidos por andrajos; cortó su cabellera y cogió el bastón del peregrino. Durante años escuchó a muchos maestros, ayunó, practicó mortificaciones y diversas técnicas yóguicas. Nada de todo aquello le reportó la liberación esperada. Con el cuerpo extenuado por los tormentos que se había impuesto, decidió sentarse bajo una higuera, en posición de loto sobre una almohadón de hojas, y no moverse más de allí aunque muriera, hasta lograr la iluminación.

En una sublime intuición, bajo ese árbol su cuerpo y su espíritu conocieron el alfa y el omega del universo, el ciclo de los nacimientos y las muertes, sus existencias pasadas, la complejidad del misterio cósmico, la creación de los mundos. Descubrió que la materia está formada de vacío, que el tiempo es infinito pero los ciclos existen; vio la muerte engendrando la vida como la oscuridad engendra la luz y viceversa. El reino de la naturaleza y sus leyes surgieron ante él, así como la evasión del ser humano en relación a su ser verdadero: al buscar honores y placeres, no hace más que precipitar el sufrimiento y crea el karma, el destino que lo encadena.

Durante siete semanas, el Iluminado permaneció meditando, cuerpo y mente aquietados, perfectamente detenidos. Al cabo de esos cuarenta y nueve días, decidió transmitir a la humanidad lo que había descubierto. Comenzó a difundir su enseñanza revolucionaria cerca de Varanasi, la antigua Benarés. Pronto se convertiría en uno de los pilares esenciales de la cultura de la mayor parte de países de Asia.

El budismo no ofrece cosmologías o modelos de dioses a los que venera. Se trata de reconocer la naturaleza de Buda que se halla en cada uno, y a cada uno corresponde saber realizarla.

EL SUFRIMIENTO

Unos seiscientos años antes de Cristo, un príncipe lo dejó todo para encontrar la respuesta a una sola pregunta: ¿por qué el sufrimiento? Buda afirmaba que todas las cosas tienen tres factores comunes y que estos «Tres Signos del Ser» constituyen la base de la escuela budista más antigua. Esos tres factores son:

1. La omnipresencia del cambio, que se aplica a todas las cosas, incluso las distintas partes del hombre, sin excepción.
2. El hecho de que no hay ninguna cosa que tenga un «alma» permanente e inmutable separada del Alma del universo.
3. El hecho de que todas las cosas son sufrimiento, son inseparables del sufrimiento.

Sufrimiento, en lengua pali, tiene muchos significados: dolor físico, enfermedad, vejez, incapacidad de asumirlas, temor emocional, celos, sentido de pérdida, duda mental, confusión, remordimiento y hasta un sentimiento de frustración o de incapacidad en la habilidad para determinar y conocer aquello que vale la pena conocer.

La causa del sufrimiento

Buda encontró la causa del sufrimiento en la presencia, en todos nosotros, del deseo, del anhelo, que es inherente a la ilusión del «yo», que cree falsamente «ser distinto». Esta es la muy lamentable «herejía» del estado de separación que nos aparta de los demás.

El sufrimiento en sí no purifica, es sólo la prueba de que está en marcha un proceso purificador; es como una erupción en la piel que continuará haciendo sufrir hasta que no se haya descubierto y eliminado su causa.

Entretanto, ¿aceptamos que todo, literalmente todas las cosas, cambian constantemente y en su totalidad? ¿Aceptamos que en esto se incluye todo lo que soy, hasta el vociferante «yo»? Conviene meditar en estos dos hechos, porque ambos forman en gran parte el tercer hecho, el sufrimiento.

El fin del sufrimiento

Ante todo hay que reconocer su existencia, y dejar de culpar a algo o a alguien. Podemos ver que la causa es el deseo egoísta, y, a partir de allí, cambiar lentamente nuestra actitud habitual ante cualquier problema que nos acosa.

Las cuatro nobles verdades

1. Existe el sufrimiento (o infelicidad).
2. Existe la causa del sufrimiento.
3. Existe la posibilidad del fin del sufrimiento.
4. Existe el camino para el fin del sufrimiento.

Óctuplo sendero para el fin del sufrimiento

1. Recta comprensión (o visión).
2. Recto pensamiento o motivación.
3. Recto modo de expresión.
4. Recta acción.
5. Recto medio de vida.
6. Recto esfuerzo.
7. Recta atención.
8. Recta concentración.

Diez ataduras que nos encadenan al renacimiento

1. Decepción.
2. Incertidumbre.
3. Apego a ritos o ceremonias.
4. Deseo sensual.
5. Mala voluntad.
6. Deseo de existencia material refinada.
7. Deseo de existencia inmaterial.
8. Presunción.
9. Inquietud.
10. Ignorancia.

«CORRECTA ATENCIÓN»

El cultivo sistemático de la Correcta Atención, tal como lo expuso Buda en su discurso sobre el Satipatthana, sigue proporcionando el más sencillo y directo y el más eficaz método para ejercitar la mente en sus quehaceres y problemas diarios así como en su meta más alta: liberarse definitivamente de la Codicia, el Odio y el Error.

La esencia del desarrollo de la Correcta Atención está en aumentar la intensidad y la calidad de la atención, y la esencia de su cualidad es su carácter puro. La atención pura es la conciencia clara y resuelta de lo que realmente ocurre en nosotros y nos ocurre a nosotros en los sucesivos momentos de percepción. Se dice que es «pura» porque atiende solo a los puros hechos de la percepción tal como se presentan.

La atención o aplicación se limita sencillamente a registrar los hechos observados sin reaccionar ante ellos por medio de actos, palabras o comentarios procedentes de la mente que puedan implicar una referencia personal (gusto, desagrado, etc.), un juicio o una reflexión. Si durante el tiempo largo o breve que se dedica a la práctica de la Atención Pura, surgen en nuestra mente *comentarios,* los convertiremos a ellos mismos en objeto de la Atención Pura, sin rechazarlos ni perseguirlos, sino que los descartaremos tras tomar breve nota mentalmente.

Empleando los métodos de la Atención Pura, la mente vuelve al estado original de las cosas. La observación retrocede a la fase primerísima del proceso de percepción, en el que la mente se halla en estado puramente receptivo y la atención se limita a advertir el objeto.

En palabras de Buda: «En lo que vemos, tiene que haber sólo lo que vemos, en lo que se oye, lo que oímos, en lo que se siente (olores, sabores, el tacto) lo que sentimos, y en lo que se piensa, sólo lo que pensamos.

»La condición humana está dirigida por el pensamiento. Si se piensa o actúa con el pensamiento falso, la aflicción y la desgracia seguirán, como la rueda del carro sigue los pasos del buey. Si se piensa o actúa con el pensamiento puro, la felicidad seguirá, como la propia sombra que nunca nos abandona».

LA VOZ DEL SILENCIO

Mata el deseo, pero si lo matas, ten cuidado de que no vuelva a surgir de entre los muertos.

Lucha con tus pensamientos impuros antes de que te dominen. Trátalos como ellos pretenden tratarte a ti, ya que, si los dejas vivir y arraigan y crecen, estos pensamientos te subyugarán y matarán. Cuidado, no permitas que se te acerque ni siquiera su sombra. Porque crecerá en magnitud y poder, y esta cosa de tinieblas absorberá tu ser antes de que hayas advertido la presencia del sucio y negro monstruo.

No hay nada que desear. No te irrites contra el karma ni contra las leyes inmutables de la Naturaleza. Lucha tan sólo contra lo personal, lo transitorio, efímero y perecedero.

GUERREROS

Guerreros, nos llamamos guerreros.
Hacemos la guerra por la alta virtud, por la gran empresa,
por la sublime sabiduría.
Por eso hacemos la guerra.
Por eso nos llaman guerreros.
CANON PALI

EL CAMINO EQUIVOCADO

«El hombre realiza malos actos
recorriendo el camino equivocado
a través del deseo,
a través del odio,
a través de la ilusión
y a través del temor.
CANON PALI

BUDA

Mírate en los demás
entonces, ¿a quién puedes hacer daño?

Al final del camino está la libertad.
Hasta entonces, paciencia.

Si se habla y actúa con espíritu sereno,
entonces la felicidad nos sigue como la sombra que no nos abandona.

El placer es breve como un relámpago.
Entonces, ¿por qué desear los placeres?

El odio no termina con el odio.
El odio sólo termina con el amor.
Todo lo que somos es el resultado de lo que pensamos.
Buscar a Dios es como andar buscando un buey
mientras se cabalga en el mismo buey.

Lleno y vacío

Nadie está más vacío
que quien está lleno de sí mismo.

El Dhammapada, la enseñanza

Todo lo que somos es el resultado de lo que hemos pensado.
Se funda en nuestros pensamientos;
está hecho de nuestros pensamientos.

Por más palabras sagradas que leas,
por muchas que pronuncies,
¿qué bien harán
si no te comportas de acuerdo con ellas?

Mejor que mil disertaciones,
mejor que un mero revoltijo de palabras sin significado,
es una frase sensata,
al escuchar la cual uno se calma.

Deliciosos son los bosques
donde las personas comunes no encuentran placer.
Allí disfrutan los que han quemado sus pasiones.
Pues éstos no son buscadores de los placeres sensoriales.

Evita la identificación con lo querido,
porque la separación de ello representa dolor;
las ataduras no existen para aquel que no hace diferencias
entre querido y no querido.

Del deseo surge el dolor;
del deseo surge el miedo.
Para aquel que está libre de deseo
ni hay dolor ni mucho menos miedo.

Si hallas un hombre inteligente,
sabio, con conocimiento, consistente,
responsable y noble,

con un hombre tal, virtuoso e inteligente,
debe uno asociarse,
como sigue la luna el sendero de las estrellas.

Verdaderamente, de la meditación
brota la sabiduría.
Sin meditación, la sabiduría mengua.
Conociendo el doble camino de la ganancia y la pérdida,
debe conducirse uno mismo de manera tal
que pueda aumentar la sabiduría.

Abandonad el apego al pasado;
abandonad el apego al futuro;
abandonad el apego al presente.
Cruzando a la otra orilla del devenir,
la mente, liberada por todas partes,
no retornaréis
al nacimiento y el envejecimiento.

El que ha alcanzado la meta,
sin miedo, permanece sin avidez,
desapasionado, ha eliminado las espinas de la vida.
Éste es su último renacimiento.

PERLAS DE LA SABIDURÍA BUDISTA

Existen dos maneras de sentirse desilusionado:
conseguir lo que se quiere y no conseguirlo.
WILLIAM GERHARDI

La gente verdaderamente feliz
es aquella que pone sus deseos
en el nivel de sus deberes.
Desea lo que quieras, pero no te ordenes a ti mismo
ir a buscarlo.

Concentrando los pensamientos es posible volar;
concentrando los deseos uno se cae.
«EL SECRETO DE LA FLOR DE ORO»

En la raíz, la Sabiduría es Amor;
en el tallo, toda Ilusión;
en la flor, es toda Mundo;
y con el fruto, toda Salvación.

Lo que se conoce por la enseñanza del Buda
no es la enseñanza del Buda.
SUTRA DEL DIAMANTE

«Si no lucho, ¿cómo voy a enfrentarme a mis enemigos?
Claro que parece muy bonito que yo no luche,
pero ellos, ¿qué van a hacer?
Ellos todavía van a estar ahí como mis enemigos...»
Ahí comienza el aspecto verdaderamente interesante de la lucha.
CH. TRUNGPA

BUDISMO TIBETANO

Las corrientes budistas se expresan en dos grupos principales: *Hinayana*, o «Pequeño Vehículo» y *Mahayana* o «Gran Vehículo». Las primeras, cuyas escrituras se conservan en lengua pali, sostienen que representan las puras y originales enseñanzas de Buda Gautama y en general conservan en alto grado sus características racionalistas, monásticas y puritanas. Las segundas, cuyas escrituras están en sánscrito, interpretan la doctrina de otra manera, con un desarrollo místico, teológico y devocional.

El budismo llegó al Tíbet en el siglo IV, generalizándose por todo el país y desplazando las antiguas creencias del chamanismo Bon. En este país de cumbres salvajes y grandiosas, poblado por pastores nómadas, se desarrollaría, bajo la influencia de grandes maestros, una mística abrupta y refinada y a la vez sencilla y compleja. El budismo hinayana se practica en el sur de Asia (Sri Lanka, Birmania), mientras que el mahayana se practica en el norte (Nepal, Tíbet y China). La forma de encarar la vida en los míticos Himalayas daría una forma diferente al mensaje.

En las últimas décadas, las circunstancias políticas y sociales (invasión del Tíbet por China, cambios en las comunicaciones) han propiciado una notable expansión del budismo tibetano en todo el mundo. La correcta atención, la sencillez de conducta y –precisamente– la meditación son algunas de sus claves.

Lo que escribes con tinta con pequeñas letras negras
puede perderse del todo
por la acción de una sola gota de agua.
Pero lo que está escrito en tu corazón,
está allí por toda la eternidad.
TSANGYANG GYATSO

Avanza despacio
y llegarás pronto.

En el comienzo nada viene.
En el medio nada permanece.
En el fin nada sigue.
MILAREPA

7
Zen

LA MEDITACIÓN ZEN

En muchas formas de budismo se presta especial atención a las acciones de la vida cotidiana, que se consideran adecuadas como medio de meditación. Por ello, en el Zen, la realización de actividades o artes muy dispares ayuda a quien las realiza a conseguir un estado de entendimiento. Se trata de artes de una gran simplicidad, que incluyen la ceremonia del té; los arreglos florales, que poseen un interés subyacente en la interpretación de la naturaleza a través del simbolismo; construir jardines; la escritura caligráfica; la pintura y la poesía; así como las artes marciales, el tiro con arco y la esgrima.

En la ceremonia del té, realizada con actos de precisa formalidad, el hecho corriente de hacer té se transforma en un ritual de serena belleza durante el cual cada acción se efectúa con un gran cuidado y concentración, convirtiendo hecho mundano en un acto de meditación. Algo similar ocurre con los jardines Zen, que pueden ser utilizados para la meditación. Característicos de los monasterios Zen, estos jardines sugieren las líneas y proporciones simples de un paisaje natural, o el océano, y son elementos para la meditación.

Bodhidharma, el primer patriarca, llevó el Zen desde la India a la China en el siglo vi de nuestra era. Según su biografía, escrita por el maestro chino Dogen en el año 1004, Bodhidharma volvió a su país natal y reunió a sus discípulos para comprobar hasta qué punto habían comprendido sus enseñanzas.

«Según mi parecer –declaró Dofuku–, la verdad está más allá de la afirmación y la negación, ya que ésta es la forma en que se mueve».

Bodhidharma replicó: «Obtuviste mi piel».

A continuación la monja Soji expresó su opinión: «Creo que es como la visión de Ananda con respecto a la Tierra del Buda: 'Se la ve una vez, y jamás de nuevo'».

Bodhidharma dijo: «Obtuviste mi carne».

Luego Doiku manifestó: «Los cuatro elementos: lo luminoso, lo aéreo, lo fluido y lo sólido, están completamente vacíos. La única realidad es la nada».

Bodhidharma comentó: «Obtuviste mis huesos».

Por último, Eka se inclinó reverentemente ante su maestro y permaneció donde estaba sin decir palabra.

Bodhidharma dijo: «Tienes mi tuétano».

Éste es el punto de partida de *Carne Zen, Huesos Zen*, uno de los libros más populares sobre Zen que compiló Paul Reps. Dice Reps: «El Zen de los antiguos era tan puro que su recuerdo se ha conservado como un tesoro a lo largo de los siglos. He aquí fragmentos de su piel, de su carne y de sus huesos, pero no de su tuétano, que nunca se encuentra en las palabras. El mensaje del primer patriarca budista era «ninguna dependencia con respecto a las palabras y las letras. Comprender directamente el espíritu humano. Contemplar su propia naturaleza y realizar el estado de Buda».

El espíritu de despertar fundado en silencio y la postura correcta de meditación es el que sería llevado en el siglo XII por el maestro Dogen al Japón, donde se convertiría en Zen (Ch' an en chino, una forma abreviada de *dhyána* o *jhána*, es decir, «meditación»).

RISAS

Hubo una época en que los cristianos consideraron que los domingos no se podían hacer bromas. Visitad un monasterio Rinzai Zen en Japón: los veréis partirse de risa constantemente.

INSTRUCCIONES PARA EL COCINERO

El mundo es como una olla
y el corazón una cuchara;
según cómo la muevas,
la comida te saldrá bien o mal.

LA VÍA ZA ZEN

Una de las tendencias, Soto, pone énfasis en el Za Zen, la meditación sentados sobre un cojín redondo, el *zafu*. Las piernas en la postura del loto, bien apoyadas en el suelo, arqueando la columna al nivel de la quinta vértebra lumbar. Espalda recta, nuca erguida, mentón hundido, nariz en la vertical del ombligo. La mano izquierda en la mano derecha, las palmas hacia arriba, contra el abdomen, los pulgares, horizontales, en contacto por sus extremos. Los hombros caen naturalmente. La punta de la lengua en contacto con el paladar. Los ojos, entornados, posados (no fijados) a un metro de distancia.

La respiración en calma, sin ruido, con la espiración lo más larga posible, impulsada con fuerza por debajo del ombligo, en el hara, centro de gravedad y de energía del ser humano.

EL RINZAI

La otra gran tendencia o escuela Zen, Rinzai, pone más énfasis en la comprensión a través de la vida cotidiana y de los *Koan*. Un Koan no es sólo una de las más bellas formas de poesía, sino un modo de encarar la realidad y la irrealidad, un modo de llevarnos al incesante presente Eterno, suprimiendo dualismos como el pasado y el futuro:

«Dos monjes hablaban de una bandera. Uno dijo: "La bandera se mueve". El otro dijo: "El viento se mueve". El sexto patriarca, al escucharlos, dijo: "Vuestras cabezas se mueven".»

«Las dos manos al aplaudir producen un sonido. ¿Cuál es el sonido de una mano?»

«Un día, un monje preguntó a su maestro: "¿Cómo podríamos liberarnos de la necesidad de vestirnos y alimentarnos cada día?". Éste dijo: "Nos vestimos. Comemos." "No comprendo", dijo el monje. "Pues vístete, y ven a comer".»

«Un monje le preguntó cierto día al maestro Chao Chu: "¿Quién es Chao Chu?". Y Chao Chu respondió: "Puerta Este, puerta Oeste, puerta Norte, puerta Sur. Es decir, Chao Chu está totalmente abierto; todas las puertas de la ciudad permanecen abiertas y nada queda escondido. Chao Chu se sitúa exactamente en el centro de la ciudad, en el centro del universo. No hay interior, no hay exterior. Sólo Chao Chu, transparencia pura".»

Los Koan Zen

El granero se ha quemado.
Ahora puedo ver la luna.

Cuando muchos son reducidos al Uno,
¿a qué es reducido el Uno?

La gente no formada se regocija en lo novedoso y lo llamativo.
La gente madura se regocija en lo cotidiano.

Un silencio, un trueno.

Día tras día, es un buen día.

Todo es lo mismo, todo es distinto.

Sentado en quietud,
no haciendo nada,
llega la primavera,
y la hierba crece.

¡Golpea el silencio
y escucha el sonido!

¿Cuál es el color del viento?

Gran fe. Gran duda. Gran esfuerzo.
El entrenamiento.

Si lo que deseas es la gran tranquilidad,
prepárate a sudar la gota gorda.

Ignorando cuán cerca está,
lo buscamos lejos.

Un poco pesadas,
estas flores abriéndose,
El Buda dormido.

Sobre la campana del templo
Duerme
la mariposa.

Cuando cae a tierra,
La cometa no tiene alma.

Las flores han caído:
ahora nuestras mentes
están tranquilas.

Silencio:
el sonido de los pétalos
rozándose al caer.

Antes de la iluminación,
cortamos leña,
transportamos agua.
Después de la iluminación.
cortamos leña,
transportamos agua.

GRANDES MAESTROS

Un monje le preguntó a Yue-shan:
«¿En qué piensa uno mientras está sentado?».
«Uno piensa en no-pensar», respondió el maestro.
«¿Cómo se piensa en no-pensar?», preguntó el monje.
«Sin pensar», dijo el maestro.
MONDÓ ZEN

El camino no es difícil.
Basta con que no haya «quiero» o «no quiero».
CHAO-CHÚ

El sabio no hace nada;
el necio se ata.
DOSHIN

Nuestra propia vida es el instrumento
con el que experimentamos con la verdad.
THICH NHAT HANH

Dices que mis poemas son poesía. No lo son.
Sin embargo, si comprendes que no lo son,
entonces verás la poesía que contienen.
RYOKAN

Deja de correr. Mira, ahí no falta nada.
RINZAI

En la mente del principiante hay muchas posibilidades.
En la mente del experto, pocas.
SHUNRYU SUZUKI

Ni el agua que transcurre torna a su manantial
ni la flor desprendida de su tallo
vuelve jamás al árbol que la dejó caer.
LI-PO

Debemos sentirnos satisfechos
de ser los barqueros
en el mar de los sufrimientos.
TAISEN DESHIMARU

No es el martillo
el que deja perfectos los guijarros,
sino el agua con su danza y su canción.
KIKAKU

Camina o siéntate. Pero no te tambalees.
MAESTRO UMMÓN

EL PATRIARCA BASHO

Aprende bien las reglas,
y luego olvídalas.

El viejo estanque;
una rana salta dentro.
El sonido del agua.

EL MAESTRO DOGEN

Un tonto se ve a sí mismo como otro,
pero un sabio ve a los otros como sí mismo.

Las flores se deshojan aunque las amemos,
las malas hierbas crecen aunque las aborrezcamos.

Si no puedes encontrar la verdad en el lugar donde estás,
¿dónde más esperas encontrarla?

La nieve cae sobre las hojas rojizas.
¡Largo mes de otoño!
¿Quién puede expresar esta escena con palabras?

Incansablemente pequeñas olas se forman
en la superficie de la corriente;
pero no pueden borrar el reflejo de la luna
que allí ha establecido su morada.

PONTE A PENSAR... O VE

Dogen tenía un discípulo llamado Soshin.

Soshin esperó largo tiempo junto a su maestro para que le enseñara el arte de la meditación. Esperaba lecciones como las que recibe un niño en la escuela.

Pero no llegaban. Lo que extrañaba y desilusionaba al discípulo.

Un día le dijo a su maestro: «Hace ya mucho llegué aquí, y todavía no se me ha dicho ni una palabra acerca de la esencia de la Meditación».

Dogen rió de buena gana y dijo: «¿Qué estás diciendo, amigo mío?. Desde que llegaste no he estado haciendo otra cosa que darte lecciones sobre esto».

Al oírle, el pobre discípulo quedó todavía más desconcertado. Y durante un tiempo no supo qué decir. Hasta que por fin, un buen día se armó de valor y preguntó de nuevo: «¿Qué clase de lecciones pueden haber sido, señor?».

Dogen dijo: «Cuando me traes una taza de té por la mañana, lo bebo; cuando me sirves la comida, la acepto; cuando te inclinas ante mí, te contesto con un movimiento de cabeza. ¿De qué otro modo esperas que te enseñe a meditar?».

Soshin inclinó su cabeza y empezó a pensar en las misteriosas palabras del maestro. Al verlo, el maestro continuó: «Si quieres ver, ve ya. Porque si empiezas a pensar, no hay nada que hacer».

LOS BUENOS CONSEJOS

Ir a derecha o izquierda es fácil,
ganar o ser vencido es fácil también.
Pero no ganar ni ser vencido es muy difícil.

Si por eternidad no se entiende infinita duración temporal,
sino intemporalidad, entonces vive eternamente
el que vive en el presente.

El que sigue el camino no encuentra defectos en el mundo.
Ver los defectos de los demás es reforzar los defectos propios.

Lo que importa no es cuán bueno eres,
sino para qué sirves.

TAKUAN

El maestro Zen japonés Soho Takuan (1573-1645), fue abad del monasterio Daitokuji, sede de la escuela Zen rinzai en Kioto.

Sus enseñanzas tuvieron una gran difusión en el Japón de los albores del siglo XVII y su influencia ha persistido hasta hoy.

Como es la propia mente
la que desvía la mente,
guárdate de la mente.

La mente no es un fenómeno

Puesto que la mente carece de forma, no podemos decir: «Aquí hay una mente». Es como el cielo, informe. Pero aunque carezca de forma, no podemos decir que no existe. Por ejemplo, el viento es sin forma y hace que los árboles y la hierba se muevan. Cuando sopla a través de los pinos, produce un sonido. No podemos decir que el viento no existe. La mente es así. Nuestras actividades diarias y movimientos son el trabajo de la mente.

Si diriges tu mente hacia los movimientos corporales de tu adversario, tu mente será tomada por sus movimientos corporales.

Si diriges tu mente hacia la espada de tu adversario, será tomada por su espada.

Si diriges tu mente hacia el intento de golpear a tu adversario, será tomada por el intento de golpear.

Si diriges tu mente hacia tu propia espada, será tomada por tu espada.

Si diriges tu mente hacia tratar de no ser golpeado, será tomada por el deseo de no ser golpeado.

Si diriges tu mente hacia la actitud de tu adversario, será tomada por su actitud.

Si sigues este mundo le darás la espalda al Camino; si intentas ir contra el Camino no estarás a gusto en este mundo.

Es mejor guardar nuestra mente con la virtud de Buda.

Son preferibles las impresiones verdaderas
a las formas bellas.

Habita en las palabras del sabio.
No las ingieras de un trago.

CURAR LOS TRES VENENOS

De acuerdo con el confucianismo, las quejas del perezoso son causadas por la naturaleza y no debes transformarlas. En el budismo zen las cosas se ven de otra manera. Los tres venenos: la codicia, la ira y la pereza, son curables mediante la educación. Es un poco tonto pensar que las quejas del perezoso no son enmendables porque lo son por naturaleza, del mismo modo que el regaliz es dulce.

Lo primero, conocerte a ti mismo. No obstante la gente que hay en el mundo, cuando un hombre se conoce a sí mismo enteramente, comprende que el resto del mundo no es distinto a él.

¿QUÉ ES EL AMOR?

Una tarde, después de una Charla Dharma en el Centro Zen de Cambridge, un alumno preguntó a Seung Sahn Soen-sa: «¿Qué es el amor?».

Soen-sa contestó: «Te lo pregunto a ti: ¿Qué es el amor?».

El alumno permaneció en silencio.

Soen-sa dijo: «Esto es amor».

El alumno siguió en silencio.

Soen-sa dijo: «Tú me preguntas a mí; yo te pregunto a ti. Esto es amor».

DÉJALO CAER O LLÉVATELO

Un día un estudiante preguntó a Chao Chu: «Si no tengo nada en mi mente, ¿qué tengo que hacer?».

Chao Chu contestó: «Déjalo caer».

«Pero si no tengo nada, ¿cómo puedo dejarlo caer?», preguntó el estudiante.

Chao Chu contestó: «Bien, entonces, llévatelo».

D.T. SUZUKI

Sólo si aceptamos el sufrimiento
podremos liberarnos de él.

Todas las sombras del Universo
son incapaces de apagar la luz de una vela.

Bobos son quienes vuelven la espalda a la luz
y discuten sobre la naturaleza de la sombra
que está frente a ellos.

PROVERBIOS JAPONESES

Se aprende poco con la victoria, en cambio mucho con la derrota.

Es mejor viajar lleno de esperanza que llegar.

El que sonríe más
es el más fuerte.

Entre los mares de la vida y de la muerte,
el alma, cansada,
busca la montaña
donde las aguas han retrocedido.

En las montañas
nos olvidamos de contar los días.

Podrás permanecer inconmovible en un torrente caudaloso,
pero no en el mundo de los hombres.

8

LOS MÍSTICOS DE LAS PALMERAS

Oriente Próximo

EL MUNDO DEL ISLAM

En el espacio espiritual del Islam, la tradición mística se conoce como sufismo. Como los místicos pertenecientes a otras grandes religiones, los sufíes buscan la unión con Dios. Este fin se alcanza mediante determinadas prácticas, entre las que se cuentan la renuncia al mundo, la pobreza, la abstinencia y, en especial, la meditación.

Los orígenes de esta tradición siguen siendo un tema de debate. Algunos especialistas sostienen que el sufismo era practicado por el profeta Mahoma. En su apoyo, señalan la fuerza mística de algunos versículos del Corán, que describen la presencia y cercanía de Dios, la transitoriedad del mundo y la belleza de la virtud. Para otros eruditos, el sufismo surge como un intento de restaurar la pureza religiosa que declinó de forma notoria durante la dinastía de los Omeyas.

Cualquiera sean sus orígenes, es indudable que los sufíes de las primeras épocas estuvieron influidos por el ascetismo de los monjes cristianos de Siria, la filosofía hindú vedanta y, probablemente, por los zoroastrianos.

El sufismo es la mística poética del Próximo Oriente y el perfume ligado al Islam. En él, el *sama*, o éxtasis a través de la música y la danza, puede considerarse una forma de meditación: es la danza de los derviches.

El sufismo utiliza a menudo cuentos, chistes y ocurrencias como enseñanza del conocimiento. Son, por ejemplo, las célebres peripecias del incomparable Mullah Nasrudín, tan populares en el mundo islámico:

Un hombre detuvo a Nasrudín y le preguntó qué día de la semana era.

«No sé decirle –contestó el mullah–. Soy forastero y no sé qué días de la semana tienen aquí».

La enseñanza no enfatiza en la meditación como práctica en sí misma, sino aplicada en la observación de las paradojas y sutilezas de la vida cotidiana. Pero la enseñanza sufí es densa y contiene todos los elementos de sabiduría profunda de la tradición espiritual. Los grandes maestros sufíes proponen, por ejemplo, una serie de «temas para la contemplación solitaria», para su estudio individual. Una vez han sido asimilados por el estudiante se discuten en grupos. Hemos seleccionado algunos.

LA MÍSTICA SUFÍ

«Hay tres formas de cultura: la mundana o simple acopio de datos; la religiosa, que sigue determinadas reglas; la superior, basada en el perfeccionamiento de uno mismo.»

MAESTRO HUJWIRI

«Unos peces que preguntaban qué era el agua, acudieron a un pez sabio. Éste les dijo que estaba a su alrededor, y aun así creían estar sedientos.»

NASAFI

«Cuando aún estás fragmentado e inseguro, ¿qué importa la índole de tus decisiones?»

HAKIM SANAI

«En un instante, elévate del tiempo y el espacio. Deja de lado al mundo y sé un mundo dentro de ti mismo.»

SHABISTARI

Ser un sufí es apartar lo que hay en tu pensamiento
–verdad imaginada, preconceptos, condicionamientos–
y enfrentar lo que pueda sucederte.»
ABU SAID

Para el que posee percepción, un simple signo es suficiente.
Para el que realmente no está atento, mil explicaciones no le bastan.
HAJI BEKTASH

Abandona la jactancia del intelecto y la erudición,
pues aquí el intelecto es corrosivo y la erudición es tontería.
HAKIM JAMI

Estar en el mundo, pero no ser del mundo. Liberarse de ambiciones y codicias. Evitar la jactancia intelectual. Seguir la tradición. Los místicos sufíes impregnaron con su perfume el corazón del Islam y emparentaron sus hallazgos con los alquimistas. Enseñan que la religión no puede ser otra cosa que experiencia.

Dice Idries Shah, maestro divulgador del sufismo en Occidente: «Dentro de la humanidad hay un "tesoro" que sólo puede encontrarse si se busca. El tesoro está, por así decirlo, en el interior de una casa (pautas mentales fijas) que debe ser derribada para encontrarlo».

El hombre ve solamente fragmentos de cosas porque su mente está fija en un patrón diseñado para ver las cosas parcialmente. Y una de las tareas del maestro es mostrar eso.

En palabras de Rumi:

Destruye tu casa, y con el tesoro oculto en ella
podrás construir miles de casas.
El tesoro está debajo de ella; no hay más remedio;
no dudes en derribarla; ¡no lo demores!

LA BÚSQUEDA

La búsqueda de la verdad es la primera etapa para hallarla. Después de buscar se advierte que la Verdad también está buscando al propio Buscador. La tercera etapa, en la cual el sufí está aprendiendo del Camino, se alcanza cuando el aprendizaje logra un nivel especial, es decir, el buscador tiene conciencia de que está adquiriendo conocimiento en una escala más allá de la «búsqueda» y del «hallazgo», y del «ser buscado».

Busca la respuesta
en el mismo sitio de donde te ha venido la pregunta.

El hombre es una mirada; el resto es sólo carne.
Pero la verdadera mirada es la que ve al amigo.
Funde tu cuerpo entero en tu mirada, vete hacia la visión,
vete hacia la visión, vete hacia la visión...

No riñas al amante. Su manera «equivocada» de hablar
es mejor que cien maneras «correctas» de otros.

Aunque hagas cien nudos, la cuerda sigue siendo una.

Alguien fue a la puerta de la Amada y llamó.
Una voz preguntó: «¿Quién es?».
Él contestó: «Soy yo».
La voz dijo: «No hay sitio para Mí y para Ti», y la puerta se cerró.
Al cabo de un año de soledad y privaciones, él volvió a llamar.
Preguntó una voz desde dentro: «¿Quién está ahí?».
El hombre dijo: «Tú».
Y le abrieron la puerta.

El viaje es un saco lleno de ocasiones perdidas.
PROVERBIO TUAREG

KHALIL GIBRAN

Los árboles son poemas
que escribe la tierra
en el cielo.

La raíz es una flor que desdeña la fama.

La verdad del hombre está en su corazón silencioso,
nunca en su mente habladora.

Y no penséis en dirigir el curso del amor
porque será él, si os halla dignos,
quien dirija vuestro curso.

No se puede llegar al alba
sino por el sendero de la noche.

La mitad de lo que digo no sirve para nada,
pero lo digo para que la otra mitad pueda llegar a ti.

Evitemos la filosofía que no ríe,
la sabiduría que no hace objeciones,
y la grandeza que no se inclina ante los niños.

Una zorra miró su sombra al amanecer y dijo:
«Hoy necesito un camello para almorzar».
Y pasó toda la mañana buscando camellos.
Al atardecer volvió a ver su sombra y dijo:
«Con un ratón me bastará».

Algunos nos parecemos a la tinta y algunos al papel.
Y si no fuera por la negrura de algunos de nosotros,
quizá unos serían mudos.
Y si no fuera por la blancura de otros, quizá algunos seríamos ciegos.

El trabajo es el amor hecho visible.

PROVERBIOS ÁRABES

No abras los labios
si no estás seguro de que lo que vas a decir
es más hermoso que el silencio.

La paciencia cosecha la paz
y la precipitación el pesar.

Lo pasado ha huido,
lo que esperas está ausente.
Pero el presente es tuyo.

No se puede llegar al alba
sino por el sendero de la noche.

Cuando el corazón llora por lo que ha perdido,
el espíritu ríe por lo que ha encontrado.

PROVERBIOS TURCOS Y PERSAS

El que busca un amigo sin defectos
se queda sin amigos.

El hombre es más duro que el hierro,
más fuerte que una piedra,
y más frágil que una rosa.

Hay tres señales de la verdadera generosidad:
permanecer firme sin resistir,
alabar sin la emoción de la generosidad,
y dar antes de que nos pidan.
MAARUF KARKHI

Vi a un niño que llevaba una luz.
Le pregunté de dónde la había traído.
Él la apagó y me dijo:
«Ahora dime tú dónde se ha ido».
HASSAN DE BASRA

La paciencia es un árbol de raíz amarga,
pero de frutos muy dulces.
AFORISMO PERSA

Si en tu casa no hay sitio para un elefante,
no te hagas amigo del domador de elefantes.

¡Tonto! ¡La senda no es ésta ni aquélla!
OMAR

El hombre vulgar se arrepiente de sus pecados:
el elegido lamenta la futilidad de los mismos.
DHU'L-NUN MISRI

Son tres las formas de cultura:
mundana, o simple acopio de datos;
religiosa, que sigue determinadas reglas;
superior, basada en el autodesarrollo.
HUJWIRI

«Deseo aprender; ¿quieres enseñarme?»
«No creo que sepas cómo aprender.»
«¿Puedes enseñarme a aprender?»
«¿Puedes aprender cómo dejar que te enseñe?»
LIBNANI, MAESTRO SUFÍ

Corazón y ojos míos, los dos son
extremos verdes de una rama;
cuando el fuego enciende uno
por el otro corre el agua.
IBN AL-BINNÍ

El dolor de la vida
es el precio que se paga
para avivar el corazón.
HAZRAT INAYAT KHAN

9

Bibliografía

He aquí unas cuantas obras con frases, proverbios o aforismos inspiradores, o que desarrollan los caminos de la meditación con más o menos profundidad. Los hemos agrupado por afinidad temática.

Recopilaciones, antologías, entrevistas...

- *Recopilación de aforismos.* A. Onagre. Ed. Sirio.
- *Antología de la sabiduría oriental.* J.O. Avila. Ed. Cedel.
- *Aurea Dicta.* E. Valentí. Ed. Crítica.

- *Guía para los perplejos.* E.F. Schumacher. Ed. Debate.
- *Un viaje de mil millas empieza con un paso.* Dr. Richard Alpert (Ram Dass). Ed. Cedel.
- *Fuego en el corazón.* Roger Housden. Ed. Gaia.
- *¿Qué es meditación?* B.S. Rajneesh. Ed. Koan.
- *La libertad primera y última.* J. Krishnamurti. Ed. Kairós.
- *Saber vivir, saber amar.* José Antonio Sha. Ed. Obelisco.

- *Oblique Strategies.* Unos cien dilemas por Brian Eno y Peter Schmidt.
- *Año de cambios.* Louise L. Hay. Ed. Urano.

Occidente

- *El hombre interior y sus metamorfosis.* M.M. Davy. Ed. Integral.
- *Poetas del misticismo español.* Ed. Hastinapura.
- *El cuidado del alma.* T. Moore. Ed. Urano.
- *56 cuentos para buscar a Dios.* Juli Peradejordi. Ed. Obelisco.
- *Autoliberación interior.* Anthony de Mello. Ed. Lumen (Argentina).
- *Las perlas del peregrino.* Fritjof Schuon. J.J. Olañeta Ed.

La India y el yoga

- *Enseñanzas espirituales.* Ramana Maharshi. Ed. Kairós.
- *Los dichos de Ramdas.* S. Ramdas. Ed. Sirio.
- *El mundo está en el alma.* Valmiki. Ed. Taurus.
- *Actualidad de los Upanishads.* Sw. Nityabodhananda. Ed. Kairós.
- *Patanjali y el yoga.* Mircea Eliade. Ed. Paidós.
- *La sagrada enseñanza de Sri Ramakrishna.* Ed. Kier.
- *Yoga sutras de Patanjali.* Barral Ed.
- *La enseñanza silenciosa.* Sri Chinmoy. Ed. Obelisco.
- *Meditación.* Sri Chinmoy. Ed. Obelisco.

El camino del Tao

- *Tao-Te King.* Lao-Tsé. Destaca la versión, traducida directamente del original chino, de Iñaki Preciado (Ed. Alfaguara), pero existen múltiples versiones interesantes. Esta misma editorial (Integral, Editorial Oasis) ha publicado una edición ilustrada con textos muy cuidados.
- *Lie Zi. El libro de la perfecta vacuidad.* Lie Yu-kou. Ed. Kairós.

• *Chuang Tzu (antología de textos).* Ed. Nacional.
• *Retorno a los orígenes. Reflexiones sobre el Tao.* Huanchu Daoren. Ed. Edaf.

Budismo
• *Dhammapada. La enseñanza del Buda.* Versión de Narada Thera. Ed. Edaf.
• *Buda y el evangelio del budismo.* A.K. Coomaraswami. Ed. Paidós.
• *La esencia del budismo tibetano.* Lama Geshe. Ed. Cymys.
• *El arte de domar el tigre.* Ed. Dharma.
• *La energía de la sabiduría.* Ed. Arión.
• *El camino de las nubes blancas.* Anagarika Govinda. Ed. Eyrás.

El Zen
• *Zen en el arte del tiro con arco.* E. Herrigel. Ed. Kier.
• *El camino del Zen.* E. Herrigel. Ed. Paidós.
• *El despertar del Zen en Occidente.* Ph. Kapleau. Ed. Kairós.
• *Los tres pilares del Zen.* Ph. Kapleau. Ed. Gaia.
• *Ensayos sobre budismo Zen.* D.T. Suzuki. Ed. Kairós.
• *Vivir el Zen.* D.T. Suzuki. Ed. Kairós.
• *Hara, centro vital del hombre.* K.G. Durkheim. Ed. Mensajero.
• *El Zen y nosotros.* K. Dürkheim. Ed. Mensajero.
• *Zen y autocontrol.* T. Deshimaru. Ed. Kairós.
• *El sutra de la Gran Sabiduría.* T. Deshimaru.
• *Gakudo Yogin-Shu. Comentarios sobre el maestro Dogen.* T. Deshimaru. Ed. Sirio.
• *Introducción a la práctica del Zen.* A. Low. Ed. Kairós
• *Mente Zen, mente de principiante.* Shunryu Suzuki. Ed. Estaciones.
• *El Koan Zen.* T. Izutseu. Ed. Eyrás.
• *El camino del Zen.* Alan Watts. Edhasa.
• *La naturaleza de Buda.* Dogen. Ed. Obelisco.
• *Tirando cenizas sobre el Buda.* Seung Sahn. Ed. La Liebre de Marzo.
• *La Sabiduría del Zen.* Trevor Leggett (recopil.) Ed. Edaf.

Oriente Próximo. El sufismo y el Islam.
• *El camino del sufi.* Idries Shah. Ed. Paidós.
• *Cuentos de los derviches.* Idries Shah. Ed. Paidós.
• *Rumi, el persa, el sufi.* Idries Shah. Ed. Paidós.
• *La doctrina sufi de la unidad.* Leo Schaya. J.J. Olañeta Ed.
• *¿Qué es el sufismo?* Martin Lings. Ed. Taurus.

Relajación y desarrollo personal
• *En busca de la mente serena.* Robert Ellwood. Ed. Kairós.
• *El arte de amargarse la vida.* Paul Watzlavick. Ed. Herder.

Aprender a meditar
• *Meditar por qué y cómo.* K.G. Dürkheim. Ed. Mensajero.